주일예배 25-26
대표기도 능력기도문

- 교회력과 절기에 맞춘

한치호 목사의 다른 책들

주일예배 25-26 대표기도 능력기도문
성령님께 충만 읽는기도 70일, 2024
요절묵상 말씀기도 신약1, 2024
요절묵상 말씀기도 구약5, 2024
큰글씨 능력기도 찬양예배·수요기도, 2024
요절묵상 말씀기도 구약1-4, 2023
큰글씨 대표기도 예배 대표기도문, 2023
주기도문으로 기도합니다, 2022
십자가의 길 70일, 2022
심령의부흥, 읽는기도 91일, 2022
새벽설교 핵심대지730(개정판), 2022
교회를 위한 읽는기도 91일, 2021
교회정착, 새신자 100일기도문, 2020
헌신·절기·행사 대표기도문 77, 2019
기도, 처음인데 어떻게 하나요, 2019

주일예배 25-26
대표기도 능력기도문

1판 인쇄일_ 2025년 8월 20일
1쇄 발행일_ 2025년 8월 25일

지은이_ 한치호
펴낸이_ 한치호
펴낸곳_ 종려가지
등록_ 제311-2014000013호(2014. 3. 21)
주소_ 서울특별시 은평구 은평로14길 9-5
전화_ 02)359.9657
디자인 내지_ 구본일
디자인 표지_ 이순옥
제작대행_ 세줄기획(02.2265.3749)
영업대행_ 두돌비(02.964.6993)

ⓒ2025, 한치호

값 8,000 원

ISBN 979-11-992100-1-1

문서사역에 대한 질문은 모바일 010. 3738. 5307로 해주십시오.

주일예배 25-26
대표기도 능력기도문

- 교회력과 절기에 맞춘

한치호 목사 기도

문서사역
종려가지

차례

2025년

10월의 주일예배 대표기도 • 005

11월의 주일예배 대표기도 • 017

12월의 주일예배 대표기도 • 032

2026년

1월의 주일예배 대표기도 • 044

2월의 주일예배 대표기도 • 056

3월의 주일예배 대표기도 • 068

4월의 주일예배 대표기도 • 083

5월의 주일예배 대표기도 • 095

6월의 주일예배 대표기도 • 110

7월의 주일예배 대표기도 • 122

8월의 주일예배 대표기도 • 134

9월의 주일예배 대표기도 • 149

(2025) 10월 1주, 5일, 월-추석, 수-한로, 목-힌글날

10월의 첫째 주일을 열어주신 하나님,

예배-찬양 민족들의 경배를 바라시는 하나님께 찬양을 드립니다. 하늘 아래의 모든 것들이 주님의 날에 머리를 숙인 지금, 하나 된 지체들이 온 마음과 정성을 모아 예배드리려 합니다. 교우들이 예배할 때, 온 땅의 만물들과 바다에 있는 것들이 다 찬양하게 하시옵소서. 오늘은 종일 여호와를 찬양하는 소리가 떠나지 말게 하시옵소서.

회개-용서 ○○의 지체에게 회개의 영을 부어주시옵소서. 배우고 확신한 일에 거하여 지냈어야 마땅한데, 그렇게 하지 못한 지난 시간들을 회개합니다. 성경을 읽고, 묵상함으로써 구원에 이르는 지혜를 구해야 하는데 게을렀음도 용서해 주시옵소서. 하나님의 말씀만이 저희를 죄로부터 떠나게 하심을 다시금 확신하게 하시옵소서.

오늘의간구 개천절을 보냈습니다. 우리나라에서는 하나님에 의해서 세상이 창조되었다는 창조론에는 정면으로 틀린 주장을 오랫동안 지켜오고 있습니다. 단군의 이야기는 신화적인 것에 지나지 않음에도 이를 신앙화 하는 이들도 있습니다. 단군신화에 동조하지 않고, 하나님께서 세상을 지으셨다는

창조신앙을 갖게 하시옵소서. 우리 민족도 하나님에 의해 이 땅에서 살게 되었다는 것을 믿게 하시옵소서.

성령님의 임재 성령님으로 말미암아 거룩함과 설렘이 가슴을 뜨겁게 하는데, 주일을 맞이하게 하셨습니다. 예배하는 이 자리에 하나님의 자비하심을 찬양하는 소리가 가득하게 하시옵소서. 성령님을 사모하고, 성령님의 인도를 받음에 목말라 하는 저희들의 심령을 받아주시옵소서. 성령님께서 임마누엘로 함께 해주시니 감사합니다.

교회의 사명 주일에, 하나님을 영화롭게 해드리는 교회로 삼아 주시옵소서. 거룩한 곳에 모인 저희들이 우리 하나님을 송축합니다. 거룩함을 입은 자녀들이 하늘에 마음을 두고 예배를 드리기를 즐거워하며, 하나님께 영광을 드리게 하시옵소서. 이 백성이 하나님을 찬양하는 소리를 들리게 하시옵소서. 영광과 능력을 여호와께 돌리는 우리의 예배가 되게 하시옵소서.

예배위원 ○○의 강단에서 생명의 말씀이 선포되도록 기름을 부어주시옵소서. 말씀을 전해 주실 목사님께 성령의 능력이 더해주시기를 바라며, 회중은 오직 말씀으로 거듭나게 하시옵소서.

예배를 영화롭게 해드리려고 열심히 준비한 ○○성가대원을 축복합니다. 그들의 찬양에 하늘의 천군과 천사가 화답하게 하시옵소서. 존귀한 이들의 찬송, 하나님의 영광이 예배당에 가득하게 하시옵소서.

오늘도 하나님께서 받으실 만한 예배가 되기 위해서 예배위원들로 하여금 봉사하도록 하셨으니 감사합니다. 여러 자리에서 봉사하는 종들에게 은혜를 내려 주시옵소서. 예배와 교회의 일을 위하여 맡은 이들이 충성을 다하는 은혜를 보게 하시옵소서.

공동체중보 우리 교회의 공동체는 주님만을 높이고 공경하며, 온유한 마음으로 주님만을 섬기게 하시옵소서. 언제나 주님만 바라보고, 하나님께서 받으실 세상의 의로운 것만 바라보게 하시옵소서. 그리고 세상의 정의로운 소리와 하나님의 말씀만을 듣는 복된 귀가 되도록 성령님께서 감동하사, 이끌어 주시옵소서.

세상을 향해 세상을 이기게 하시고, 세상에서 주님의 증인되는 복을 허락하여 주시옵소서. 저희들 한 사람, 한 사람이 교회가 되어 이 나라 방방곡곡을 이루게 하시옵소서. 이웃을 위하여 기도하고, 그들의 필요에 도움의 손길이 되는 하나님의 자비를 나타내게 하시옵소서. 하나님의 공급하심으로 나라와 사회를 위하게 하시옵소서. 하나님을 사랑하고, 이웃을 사랑하는 교회로 세상을 향하게 하시옵소서.

　　　　　　　　　　　　예수님의 이름으로 기도드립니다. 아멘.

10월 2주, 12일

성소에서 찬양을 받으시는 하나님,

예배-찬양 자신의 처소에서 날마다 하나님을 섬기던 지체에게 거룩한 날을 맞이하여 '내 아버지의 집'으로 오게 하시니 감사합니다. 오늘을 예배하는 날로 지내라고 거룩하고, 복된 날을 주셨습니다. 지나온 한 주간 동안에도 저희들이 기도할 때, 응답해주셨고, 모든 두려움에서 건져주셨습니다. 이제, 그 사랑과 은혜를 누리던 저희들이 교회의 한 자리에 모였으니 우리 하나님께 영광을 바치게 하시옵소서.

회개-용서 많은 사람들 가운데 하나님의 자녀로 선택을 받았으나 그 은혜를 잊고 지냈던 지난 시간의 행실을 회개합니다. 죄와 허물로 얼룩졌던 삶을 그대로 내어놓고 통회하게 하시옵소서. 죄의 무거운 짐을 풀어 놓을 때, 십자가에서 흘려주신 주님의 보혈로 정결케 해 주시옵소서. 대속의 십자가를 지신 주님의 사랑에 찬양을 드립니다.

오늘의 간구 우리나라를 사랑해 주시니 감사합니다. 우리 조국, 대한민국의 평안과 안정을 위해서 주님의 손길을 구합니다. 하나님께서 친히, 파수꾼이 되셔서 보호해주시옵소서. 저희들은 나라를 위하여 부름을 받은 하나님의 일꾼이 되어, 나라 사랑에 자신을 바치게 하시옵소서. 하나님께서 지켜 주심이 있는 나라를 소망하며 간구합니다. 하나님께서 보호해주시는 민족으로 삼으시옵소서.

성령님의임재 지상 교회의 사명은 세상에 그리스도의 증인이 되는 것인 줄로 믿습니다. 저희들 모두에게 주님의 증인이 되어 지내게 하사 생명의 말씀을 밝히는 일에 헌신할 것을 다짐하게 하시옵소서. 세계를 사랑하시는 하나님의 마음을 교회 공동체에서 나타내게 하시옵소서. 복음의 증인으로 살아갈 것을 결단하게 하시옵소서.

교회의사명 주를 기뻐하고 즐거워하는 지체들이 나아갑니다. 성소에 모인 저희들에게 지존하신 주의 이름을 찬송하게 하시옵소서. 여호와를 두려워하는 백성들로 입을 벌려 찬송하게 하시옵소서. 하나님을 경외하는 저희들에게서 영광을 취하시옵소서. 영과 진리로 예배할 때, 여호와의 이름에 합당한 영광을 드리게 하시옵소서.

예배위원 예배하러 모인 저희들에게 말씀을 주시는 하나님이십니다. 강단에 세워주신 목사님께 기름을 부어 주시옵소서. 그리하여 준비된 말씀에 성령님의 역사를 크게 나타내 주시옵소서. ○○교회가 말씀이 풍성하여 생명이 넘치는 목장이 되도록 이끌어 주시옵소서.
주 하나님을 찬양하는 ○○성가대원들을 축복합니다. 거룩하게 구별해주신 성가대원들에게 은혜와 진리로 충만하게 하시옵소서. 아름다운 찬양을 드려서 하나님을 영화롭게 해 드리게 하시옵소서.

예배를 위하여 부름을 받은 사역자들이 겸손한 마음으로 헌신하게 하시옵소서. 주님을 사랑하고, 교회를 위하여 여러 모습으로 섬기는 귀한 섬김의 종들에게 은혜를 내려주시옵소서.

공동체중보 하나님께서 세상을 사랑하시듯이, 저희들에게 그 사랑을 주시옵소서. 오늘, 자신이 행복하지 못하다는 이들을 보아 주시옵소서. 삶의 시간이 고통스런 이들에게 여호와의 자비를 내려 주시옵소서. 열악한 노동조건에서 일을 하지 않으면 안 되는 노동자들. 가정에서 동정을 받지 못하고 잔인하게 학대까지 받는 사람들, 외로운 이들, 슬픈 이들, 병원에 입원한 이들에게 은혜를 내려 주시옵소서.

세상을 향해 천국 백성으로 지냄을 감사하면서 ○○의 권속은 하나님 앞에서 정직하여 공의를 일삼게 하시옵소서. 입술로 진실을 말하며 참소치 않기를 원합니다. 포악을 그치고, 이웃을 훼방하지 않으며, 이웃을 멸시하지 않게 하시고, 그들을 복음으로 구원하게 하시옵소서. 저희의 몸과 영과 혼이 흠 없게 보존되도록 도와주시옵소서.

　　　　　　　예수님의 이름으로 기도드립니다. 아멘.

10월 3주, 19일, 목 - 상강

성도의 모임을 기뻐하시는 하나님,

예배-찬양 하나님께서 주일을 복되게 하사, 이 날을 거룩하게 해 주셨으니 예배하게 하시옵소서. 인생에게 날들을 주시며, 오늘을 구별하라 하셨으니 주일의 은혜를 누리게 하시옵소서. 오늘은 하나님만을 섬기고, 예배하는 고백이 되기를 원합니다. 하나님은 우리가 섬겨 마땅한 주님이십니다. 여호와께 정직함으로 예배하게 하시옵소서.

회개-용서 사랑을 외치면서도 사랑에 부족하였던 삶을 고백합니다. 이웃과 지내면서 섬기지 못했음을 용서해 주시옵소서. 언제나 나의 주장이나 내 뜻이 관철되기를 좋아했음을 용서해 주시옵소서. 이웃의 말을 귀담아 들으려 하고, 다른 사람의 목소리를 경청하겠습니다. 듣기는 속히 하고 말하기는 더디 하는 은혜를 누리게 하시옵소서.

오늘의 간구 하늘은 점점 높아지고, 열매를 맺는 시기에, ○○의 지체들이 여호와 하나님께로 나왔습니다. "예수의 피를 힘입어 성소에 들어갈 담력을 얻게" 하셨음에 감사하면서 영광을 드리게 하시옵소서. 오늘, 하나님을 찾은 지체들에게 단 한 사람도 거저 왔다가 거저 가는 이가 없기를 빕니다. 예배 중에 하나님의 사랑을 나누며, 성도의 교제로 사랑을 실천하는 은혜로운 예배가 되게 하시옵소서.

성령님의임재 저희들의 심령을 상하게 하시며, 자기를 돌아보아 회개하게 하시고, 새롭게 지어 주시옵소서. 하나님 앞에 낱낱이 드러 내놓아, 참마음으로 뉘우치며 기도하게 하시옵소서. 이제는 자신을 거룩하게 하는 개혁이 일어나 하나님의 말씀으로 새롭게 지어지기 원합니다. 여기에 모인 형제들 모두 하나님의 품 안에서 걸어가게 하시옵소서. 오늘, 성령님의 충만하심에 들어가게 하시옵소서.

교회의사명 주님의 피로 죄악에서 구속해주신 은혜가 이 나라 전국 곳곳에 전해지기를 원합니다. 우리나라에 복음화가 이루어지고, 대통령을 비롯한 위정자들이 하나님 앞에서 권세를 사용하게 하시옵소서. 온 겨레에게는 나라와 민족을 위하여 무엇을 할 것인가를 찾고 봉사하게 하시옵소서. 나라를 사랑하고 밝은 사회를 만들어 가게 하시옵소서. 이 지역에서 파수꾼의 사명을 감당해내게 하시옵소서.

예배위원 이 시간에, 말씀을 받아 하나님과의 만남을 경험하게 하시옵소서. 강단에서 전해주시는 하나님의 말씀을 기다립니다. 목사님의 대언하시는 말씀에 은혜와 진리가 충만하게 하시옵소서. 말씀을 받음이 복이 되게 하시고. 생명을 얻은 감격에 들어가게 하시옵소서.

오늘도 ○○성가대의 귀한 지체들의 찬양을 받아주시옵소

서. 찬양을 준비하는 시간을 기도로 받으신 줄로 믿습니다. 사랑하는 종들이 드리는 헌신의 찬양을 통해서 하나님께 영광이 드려지게 하시옵소서.

지금, 저희들이 예배하는 동안에 예배당의 안팎에서 봉사하는 종들에게는 귀한 섬김으로 예배를 아름답게 하도록 은총을 입게 하시옵소서. 그들의 몸으로 드려지는 헌신을 받아 주시옵소서.

공동체중보 예배에 함께 한 서로를 향해서 사랑하고 섬기는 공동체가 되게 하시옵소서. 온 마음과 정성으로 예배하는 중에 저희들로부터 하나님의 영광이 온전히 선포되게 하시옵소서. 육신의 병으로 고통을 당하는 성도에게는 건강과 힘을 주시옵소서. 안타깝게도 믿음이 부족한 성도에게는 굳세고 담대하도록 이끌어 주시옵소서.

세상을향해 하나님께서 우리를 인도해주심을 믿습니다. 매일, 매일 여호와를 의지하는 중에, 그 인도하심 속에서 살아가게 하시옵소서. 저희들의 집이 있고, 교회가 세워져 있는 이곳에서 그리스도의 향기를 날리게 하시옵소서. 그것을 기뻐하실 줄로 믿습니다. 저희들이 갈 길을 미리 아시고 성취시켜 주시는 여호와를 소망하게 하시옵소서.

　　　　　　　　　　예수님의 이름으로 기도드립니다. 아멘.

10월 4주, 26일, 종교개혁기념주일

높은 데서 예배하라 하시는 하나님,

예배-찬양 오늘, 저희들을 향해서 "너희 몸을 하나님이 기뻐하시는 거룩한 산 제물로 드리라."(롬 12:1) 하시니 감사합니다. 종교개혁을 기념하여 예배할 때, 지체들은 하나님을 경배하게 하시옵소서. 이 땅에서 살아가는 동안에 긍휼을 베푸시는 여호와를 노래하려 합니다. 하늘 백성이 주의 이름을 노래할 때, 영광 가운데 좌정하시옵소서.

회개-용서 지금, 성령님께서 깨달음을 주시는 대로 저희들의 죄악을 회개하기를 원합니다. 하나님께서 베풀어 주신 복은 즐거워하면서도, 자녀 된 삶을 마땅하게 살지 못한 것을 고백할 때, 용서해 주시옵소서. 자기의 죄를 숨기는 자는 형통하지 못하나 죄를 자복하고 버리는 자는 불쌍히 여김을 받으리라 하심의 은혜를 내려 주시옵소서.

오늘의 간구 종교개혁의 은혜를 기리려는 지금, 하나님 앞에서 자기를 바로 하려는 결단을 하게 하시옵소서. 이미 굳어져버린 비성경적인 신앙 자세가 있다면 버리게 하시옵소서. 하나님께 드려질 수 없는 믿음의 모습을 보게 하시고, 하나님께 드려지기에 부족하지 않은 삶이 되게 하시옵소서. 날마다 자신을 돌아보아 개혁하는 저희들이 되게 하시옵소서. 자기 개혁을 먼저 이루게 하시옵소서.

성령님의임재 교회생활을 위해서 제직을 임명해 주시고, 봉사자들을 세워주시니 감사합니다. 임명을 받은 거룩한 직분에 사랑을 다해서 하나님의 나라에 영광을 드리게 하시옵소서. 충성 되이 여기셔서 맡겨 주셨으니, 봉사와 섬김을 통해서 아름답게 감당하게 하시옵소서. 달란트를 받아서 갑절이나 남겼던 종들의 열심을 주시옵소서.

교회의사명 우리나라가 하나님을 경외하고, 섬기는 거룩한 나라로 거듭나게 하시옵소서. 이 땅의 사람들이 하나님의 주권을 인정하며 하나님의 영으로 감동된 이들이 정치, 법, 문화, 교육 등 분야마다 세워지게 하시옵소서. 정치현장에 하나님께서 개입해 주시기를 원합니다. 정치지도자들과 국회의원들이 감정과 갈등은 버리고 나라의 안정을 위한 이해와 타협으로 상생의 정치를 하게 하시옵소서.

예배위원 하나님의 음성이 이 교회에 쩡쩡 울리기를 소원합니다. 하나님의 음성에 무릎을 꿇는 시간 되게 하시옵소서. 오늘도 목사님을 위하여 간구합니다. 귀한 종에게 사자의 권위와 감화하는 말씀의 능력을 나타내 주옵소서. 그 말씀으로 주님의 증인이 되게 하옵소서.
○○ 성가대의 아름다운 찬양이 있는 예배로 하나님께 영광을 돌리게 되며 찬송의 능력을 체험하게 하시옵소서. 종들

의 노래가 우리 교회와 회중이 드릴 찬양이 되어서 하늘에 영광으로 삼으시옵소서.

예배의 진행을 돕고, 성도들의 편의를 위하여 봉사하는 지체들을 세워주셨습니다. 저들이 맡은 자리에서 몸으로 드리는 예배를 경험하게 하옵소서. 몸을 드려 예배함을 경험하게 하시옵소서.

공동체중보 ○○의 지체들, 주님의 신부로서 순결하게 살고 규모 있게 살고, 은혜를 보게 하시옵소서. 저희들의 몸과 영혼은 성령님께서 거하시는 전임을 잊지 않게 하시옵소서. 어떤 불륜도 금하게 하시며, 말이나 생각, 행동에 더러운 것을 즐기려 함을 물리치게 하시고, 신부 단장을 하여 주님을 기다리는 거룩한 삶을 지키게 하시옵소서.

세상을 향해 세상을 사랑해야 되는 ○○의 권속에게 다시 한 번 자신을 거절하고, 하나님께로 나아가기를 결단하게 하시옵소서. 함께 살아가는 이웃, 그들에 대한 하나님의 뜻을 따르게 하시옵소서. 이로써 살아가는 지역사회에서 하나님의 뜻만이 선하다는 것을 고백하기를 원합니다. 이 동네에서 온 성도들이 자신의 역할로 그리스도의 향기가 되어, 하나님의 뜻을 이루어 드리는 삶이 되게 하시옵소서.

예수님의 이름으로 기도드립니다. 아멘.

11월 1주, 2일, 금 - 입동

2025년 11월

11월의 첫째 주일을 열어주신 하나님,

예배-찬양 주님께 지으심을 받아, 주인이신 하나님이심을 아는 이들이 여기에 모여 머리를 숙였습니다. 하나님의 영광이 우리에게 비춰 오는 아침에, 성도들이 주님께로 나옵니다. 지난 엿새 동안에 저마다 힘써서 일을 한 지체들입니다. ○○교회에 속한 주님의 자녀들이 원근 각처에서 흩어져 지내다가 나왔으니 영광을 드리게 하시옵소서.

회개-용서 살아오면서 하나님보다는 사람들 앞에 보이는 삶을 살았던 날들을 고백합니다. 선한 일을 하면서도 사람들에게 칭찬받기를 더 원했던 죄를 용서해 주시옵소서. 자신이 무익한 종이라 여기겠습니다. 은밀한 중에 보시는 하나님을 주목하게 하심을 빕니다. 매일의 삶에서 하나님을 모시지 않았던 교만함을 용서해 주시옵소서.

오늘의간구 선진들이 종교개혁의 정신으로 부르짖었던 것은 '오직 성경'이라고 깨닫습니다. 세상에서는 지금, 과학적 진리를 참 진리인 양 대하려는 경향이 만연해 있습니다. '오직 성경'은 오늘의 시대에 진리를 바로 세움에 반드시 필요하다고 여깁니다. 무신론이 밀려오는 오늘날, 교회는 세상을 향해서 어떻게 하나님을 말하고 과학으로 하나님께 영광을 돌릴 수 있을 것인가에 주목하게 하시옵소서.

성령님의 임재 ○○ 교회를 세우시고, 하나님의 백성을 불러 모아 주셨으니 감사드립니다. 우리 교회를 성령님께 충만하게 하셨습니다. 여기에 모인 지체들이 성령님께서 강권하심에 대한 응답으로 우리 하나님의 성호를 자랑하게 하시옵소서. 이 시간에, 예배하면서 성령님께서 입술에 담아 주시는 간구를 하게 하시고, 저희들의 마음은 즐겁게 하시옵소서. 여호와 하나님을 노래하게 하시옵소서.

교회의 사명 오늘, 드려지는 예배의 흐름에 우리 교회는 하나님을 영화롭게 해드림이 되기를 원합니다. 예배하는 시간에, 하나님께의 영광을 지극히 나타내게 하시옵소서. 순서를 따르는 데 만족하지 않고, 그 순서에 자신의 몸과 마음을 드리게 하시옵소서. 거룩함을 입은 회중이 바로 예배의 흐름이 되어 하나님을 영화롭게 해드리게 하시옵소서. 성삼위 하나님을 높여드리며 임하게 하시옵소서.

예배위원 단 위에 서신 목사님을 위하여 간구합니다. 귀한 종에게 사자의 권위와 감화하는 말씀의 능력을 나타내 주시옵소서. 성삼위 하나님의 은혜로 인도해 주시는 복된 시간이기를 원합니다.

오늘의 말씀이 저희들의 심령을 새롭게 하시기를 원합니다. 옛 사람을 버리고 하나님이 사람으로 사는 결단이 되게 하시옵소서.

○○ 성가대의 아름다운 찬양이 있는 예배로 하나님께 영광을 돌리게 되며, 찬송의 능력을 체험하게 하시옵소서. 귀한 지체들이 몸을 드려 준비한 찬양으로 하나님의 영광으로 가득하게 하시옵소서.

여호와께 구별된 지체를 예배위원으로 세워주셔서 감사합니다. 부름을 받은 이들이 성령님의 기름을 부으심으로 감당하게 하시옵소서.

<small>공동체중보</small> 고단한 삶을 살아오고 있지만 오곡백과를 대하면서 위로를 받습니다. 산마다 고을이 타는 아름다움도 보여주시겠지요. 저희들 각 사람에게도 열매를 맺게 하시고, 하나님께 열매가 되어드림을 묵상하게 하시니 감사합니다. 성령의 열매를 맺어 하나님께 영광을 드려야 된다고 깨닫습니다. 신앙자로서의 열매를 맺게 하시옵소서.

<small>세상을향해</small> 이 세상에서 마지막 남은 한 사람에게 복음이 전해질 때까지 교회를 보호해 주시옵소서. 저희들에게 하나님께서 구원하시기로 작정된 영혼들을 보게 하시옵소서. 이 지역의 사람들뿐만 아니라, 모든 사람들에게 생명의 말씀을 밝혀 전하는 교회가 되기를 원합니다. 저희들에게 오직 복음을 전하는 소망을 갖게 하시옵소서.

예수님의 이름으로 기도드립니다. 아멘.

11월 2주, 9일

자기 백성에게 선하신 하나님,

예배-찬양 가을이 깊어가면서 나무마다 열매를 맺고 있습니다. 과일들은 마지막 남은 뜨거운 태양빛을 한 뼘이라도 더 받아 익어가고 있습니다. 아버지의 뜻대로 살기 위하여 기도하던 저희들을 기억하시고 이같이 거룩한 예배로 인도하셨음에 감사드립니다. 여기에 모인, ○○의 무리에게 감격과 감동으로 예배하게 하시옵소서.

회개-용서 그리스도의 향기가 되어 이웃과 사회를 위해서 기도하는 시간을 갖지 못했음을 고백합니다. 이 땅에 늘어나는 강력범죄와 흉악범죄의 원인이 기도하지 않았기 때문임을 깨달아 회개하니 용서해 주시옵소서. 이웃의 죄악을 품고 기도하겠습니다. 우리 자신의 악과 우리 조상의 죄악을 인정하여 회개하는 중에, 기도하게 하시옵소서.

오늘의 간구 ○○의 지체가 주님의 이름으로 모인 지금, 베풀어 주신 은혜를 헤아리며 성령님의 충만하심을 사모하게 하시옵소서. 저희들의 손에는 풍성한 수확물이 들려졌음에 감사드립니다. ○○교회는 감사의 공동체가 되어 경배를 드리게 하시옵소서. 손에 있는 모든 것들이 하늘 아버지로부터 왔으니 그 은혜에 감격하며 감사하게 하시옵소서. 추수감사절의 풍성함을 이웃들과도 나누게 하시옵소서.

성령님의 임재 구원받아야 될 영혼들이 있어서 땅 끝까지 전도자와 선교사를 보내신 하나님의 열심에 찬양을 드립니다. 보냄을 받은 종들이 낯선 자들에게, 낯선 땅에서 복음의 사역을 할 때, 담대하게 하시옵소서. 여호와의 깃발을 높이고 사탄의 진을 공격하게 하옵소서. 사역을 위해서 분주할 때, 생명의 역사를 일으키게 하시옵소서.

교회의 사명 저희들에게 회개의 은혜를 주시며, 한 몸으로 지내도록 감동을 주시는 하나님께 감사를 드립니다. 주의 사랑, 그 용서, 그 거룩한 은총으로 한 몸을 경험하고, 감사 감격한 중에 잃어버린 진실을 찾게 하시옵소서. 형제와 자매로 예수님을 닮아 가는 삶이 되게 하시고, 연약함을 만날 때마다 하나님께 기도할 수 있도록 축복해 주시옵소서.

예배위원 오늘, 말씀의 강단에 기름을 부으심이 넘치게 하시옵소서. 하나님의 종으로 구별되신 목사님을 세워주심에 감사드립니다. 종을 대언자로 세우셔서 권세 있게 전해지는 말씀에 순종하게 하옵소서. 생명의 말씀에 들을 귀가 있음을 경험하게 하시옵소서.
○○성가대원들이 성령님께 감동되어서 드리는 찬양으로 온 교회에 영광이 넘치기를 원합니다. 예배를 더욱 예배되게 하시옵소서. 찬양은 근심으로 좌절에 빠진 사람들에게

용기를 갖게 하시옵소서.
예배의 진행을 위하여 교회를 위해서 봉사자로 부름을 받은 교우들이 있습니다. 하나님께 거룩한 지체로 구별된 마음으로 섬기게 하시며, 회중의 편의를 위하여 봉사하는 헌신을 받아주시옵소서.

공동체중보 이 시간에, 진정 하나님을 만나게 해주시옵소서. 영원히 주님으로 즐거워하는 삶을 결단하게 하시옵소서. 주님을 사랑하고 계명을 지키는 자를 위하여 언약을 지키시고 그에게 인자를 베푸시는 하나님을 깨닫도록 인도해 주시옵소서. 하나님의 마음에 합한 사람이 되어, 세상의 기쁨보다는 하나님께 기쁨이 되기를 원합니다.

세상을 향해 우리교회만이 이 동네를 섬길 수 있을 겁니다. 교회가 지역을 복음화하며, 지역에서 빛과 소금이 되기를 원합니다. 교우들은 이 지역의 주민이니, 지역에서 주체가 되어 하나님의 나라를 이루어가게 하시옵소서. 지역의 사업에 주도적으로 참여하면서 지역 안에서 교회를 세워나가게 하시옵소서. 주님의 모습으로 섬기게 하시옵소서.

예수님의 이름으로 기도드립니다. 아멘.

11월 3주, 16일, 추수감사절, 토 - 소설

감사의 예물로 삼아주시는 하나님,

예배-찬양 오늘은 거룩한 날을 추수감사절로 구별하시고, 주님의 은혜로 불러 주셨습니다. 성삼위 하나님 앞에서 예배의 복을 누리려는 저희들을 받아주시옵소서. 하나님의 은혜를 누리며 지내왔던 ○○의 권속, 모든 생각과 정성 그리고 사랑을 모아 예배하기를 원합니다. 저희들의 무릎을 꿇고 여호와를 향하여 손을 들게 하시옵소서.

회개-용서 주님께서는 저희들의 마음을 보고 계심을 압니다. 하나님 앞에서 그 누구도 감출 수 없다는 것을 압니다. 그러므로 저희들의 지은 죄를 고백합니다. 알면서도 잠간 동안의 이익 때문에 저지른 죄를 회개합니다. 또한 깨닫지도 못하면서 저지르게 된 죄를 고백할 때, 더러워진 심령을 그리스도의 보혈로 깨끗하게 씻어주시옵소서.

오늘의간구 하나님의 은혜는 밭고랑마다 비로 적셔지게 하셨고, 움을 트인 싹들마다 크게 자라 알곡들이 맺히게 하셨고, 적당한 햇빛과 바람은 나무의 가지마다 열매를 맺게 해주셨습니다. 이로써 추수의 즐거움을 누리게 되었으니 감사드립니다. 여호와의 손이 저희를 흥겹게 하셨으니 이 모든 것들은

다 주님의 것입니다. 영광을 받으시옵소서. 오늘은 종일, 감사의 찬송으로 지내게 하시옵소서.

성령님의임재 저희들이 주님의 이름으로 모인 지금, 베풀어 주신 은혜를 헤아리며 성령님의 충만하심을 사모하게 하시옵소서. 저희들의 손에는 풍성한 수확물이 들려졌음에 ○○교회는 감사의 공동체가 되어 경배를 드리게 하시옵소서. 저희들의 손에 있는 모든 것들이 하늘 아버지로부터 왔으니 그 은혜에 감격하며 감사를 드리게 하시옵소서. 추수감사절의 풍성함을 이웃들과도 나누게 하시옵소서.

교회의사명 오늘, 추수감사절에 예배하면서 "너희는 감사하는 자가 되라."고 하셨으니 주님의 이름을 힘입어 감사하기를 원합니다. 저희들은 심은 것은 지극히 적었으나 30배, 혹은 60배, 혹은 100배로 결실하게 하셨습니다. 하나님의 은혜가 온누리에 풍성하여 저희들이 거둔 것이 많음을 통해서 감사하게 하시옵소서. 감사하는 마음이 예배가 되어, 감사 공동체를 만들어 가게 하시옵소서.

예배위원 추수감사절의 강단, 보호해 주셨으며 이제까지 도움이 되어 주셨음을 기억하면서 말씀을 기다립니다. 목사님께 성령님의 충만하심과 지식을 더해 천국의 말씀을 선포하시도록 하사, 저희들이 듣게 해주시옵소서. 주께로부터 왔음에 감사가 넘치게 하시옵소서.

○○성가대원들이 추수감사의 감격으로 하나님을 찬양할

때, 이 예배당이 천상의 자리가 되기를 원합니다. 그 찬양으로 저희들에게는 추수 찬송의 즐거움의 표현이 더욱 간절해지게 하옵소서.

이 한 시간의 예배가 거룩하게 드려지도록 여러 모양으로 수종을 드는 종들을 세우셨음에 감사합니다. 그들이 몸을 드리고, 시간을 드려서 수고할 때, 하나님의 나라에 심음이 되게 하시옵소서.

공동체중보 서운하게도 함께 예배하지 못하는 교우들을 하나님의 자비하심에 맡깁니다. 몸이 늙어서 병들어 집이나 병원에서 홀로 있는 이들이 있으니 도와주시옵소서. 회복하게 하시는 여호와의 만져주심으로 구원해 주시옵소서. 병든 이들에게는 싸매어주시는 은혜로 아픈 부위를 낫게 하시고, 노년의 아름다움을 보내도록 도우시옵소서.

세상을 향해 오직 하나님만을 섬기고, 오직 하나님만을 위해 봉사하게 하여 주시옵소서. 저희들은 주님의 몸을 나누어 가졌으니, 한 동네에서 이웃과 더불어 지낼 때, 주님을 따르는 삶으로 삼아주시옵소서. 선한 눈이 되게 하시고, 감사의 입술이 되게 하시며, 복된 귀가 되게 하셔서 성결한 삶이 지속되도록 이끄시옵소서.

예수님의 이름으로 기도드립니다. 아멘.

11월 4주, 23일

반석이 되어 주시는 하나님,

예배-찬양 자기 백성에게 신실하신 하나님께 영광을 드리게 하시옵소서. 하나님의 성실은 큰 열매를 거두게 해주셨습니다. 저희들에 대한 하나님의 열심 때문에 이루어진 일들로 감사합니다. 지금, 베풀어 주신 하늘의 은혜에 대한 응답으로 생명까지도 드리는 예배를 경험하게 하시옵소서. 감사하는 삶을 소망하는 은혜를 내려 주시옵소서.

회개-용서 그리스도의 향기라는 신분을 주셨으나 그렇게 살지 못하였습니다. 세상에서 빛과 소금의 사명을 감당하기 위해 힘쓰지 못했던 죄를 고백합니다. 하나님의 은혜를 구하면서 오직 내 자신의 유익만을 위해 달려왔던 죄를 용서해 주시옵소서. 하나님의 뜻을 구하는데 자신을 드리며, 맛을 잃지 않은 소금으로 살도록 하시옵소서.

오늘의 간구 하나님께서 그의 거룩한 보좌에 앉으셨음을 고백하는 이 시간에, 여호와의 이름을 찬양하라고 명령을 받은 ○○의 지체를 모아주셨습니다. 각각 흩어져 하늘을 바라보며 살던 저희들을 모으셨으니 영과 진리로 나아가게 하시옵소서. 여호와 앞에서 존귀한 성도들로 하여금 모든 무릎을 예수의 이름에 꿇게 하시옵소서.

성령님의 임재 교우들에게 하나님의 나라를 위하여 헌신할 수 있는 복을 내려주시옵소서. 예배에 내려주시는 복으로 저희들의 삶이 은혜롭게 될 것을 믿습니다. 하나님의 백성으로 교회에 맡겨주신 직분에 충성 되이 지내게 하시옵소서. 하나님 앞에서 직무를 맡은 자로서의 헌신으로 세상에서 하나님의 나라가 확장되게 하시옵소서.

교회의 사명 참으로 안타깝습니다. 지금, 사회의 곳곳에서 사사건건 트집과 상대를 쓰러뜨리기로 갈등이 조장되어 있음을 봅니다. 국민을 대신하는 헌법기관으로서의 국회의원들이 화합보다는 갈등을 일으키고, 분열을 조장하는 선동을 하고 있습니다. 자신의 이익과 자신이 속한 정당에 유익이 된다면 그것이 나라와 사회에 해악이 되어도 선동부터 합니다. 이 땅에 진리의 영, 화합의 영을 내려 주시옵소서.

예배위원 오늘도 말씀을 들고 단 위에 서신 목사님을 위하여 간구합니다. 귀한 종에게 사자의 권위와 감화하는 말씀의 능력을 나타내 주옵소서. 그 말씀으로 고난을 당하신 주님의 증인이 되게 하옵소서. 우리 교회는 말씀에 다스려지고 성령님께 순종하기를 원합니다.

○○성가대의 존귀한 이들이 찬양하는 역할을 거룩하게 감당하게 하옵소서. 아름다운 찬양이 있는 예배로 하나님께 영광을 돌리게 되며, 이 자리에 함께 한 이들에게 찬송의 능

력을 체험하게 하시옵소서.

또한, 이른 시간에 나와서 예배를 돕는 지체들, 부름을 받은 종들의 봉사를 하나님은 받으시고, 충성스럽게 감당하도록 복을 내려 주시옵소서. 저들의 섬김이 또 하나의 교회를 세움이 되게 하시옵소서.

공동체중보 우리 교우들 중에, 사람으로서는 참으로 힘든 시간을 보내는 이들이 있습니다. 저희들 모두는 그들을 위하여 인생을 긍휼히 여기시는 하나님의 은혜를 소망합니다. 곤궁에 빠져서 어찌할 엄두도 내지 못하는 지체들, 여호와의 자비하심으로 불쌍히 여겨 주시옵소서. 하나님의 사랑으로 지탱하게 하시옵소서. 하나님의 인자하심이 그들에게 있어, 이 곤고한 시간을 견디어 내게 하시옵소서.

세상을 향해 저희들에게 함께 살아가는 이웃들을 주시고 그들과 어울려 지역사회를 이루게 하심을 좋아합니다. 여호와의 은혜가 이곳에 임하여 ○○동이 복된 땅이 되게 하시옵소서. 그들에게 하나님의 사랑과 교회를 좋게 여기는 열려짐이 있게 하시옵소서. 여기에 세워져 있는 다양한 조직들이 활발하게 움직여 그리스도의 향기를 곳곳에 발하여 아름다운 지역사회가 되기를 소망합니다.

예수님의 이름으로 기도드립니다. 아멘.

11월 5주, 30일, 대림절 1주

주님을 닮기를 원하게 하시는 하나님,

예배-찬양 대림절을 맞아들입니다. 하나님께서 사람이 되셔서 오셨으니 영광의 찬미를 드리게 하시옵소서. 오늘부터 성탄절을 기다리면서 예배하기를 원합니다. 그 첫날에 홀로 영광이 되시옵소서. 주님의 이름의 영광을 구하며 살아가도록 인도하시는 성령님으로 말미암아 감사드립니다. 영과 진리로 예배하는 저희들이 되게 하시옵소서.

회개-용서 주님께서 보여주셨던 섬김의 삶으로 이웃과 함께 하라 하셨지만 그러하지를 못하였습니다. 우리 주변에는 신음하는 이들이 많은데 그들에게 마음을 두지 못한 죄를 고백합니다. 기아와 가난과 차별의 굴레에서 신음하는 이들의 아픔에 무심했음을 용서해 주시옵소서. 긍휼히 여기는 자는 복이 있다는 약속을 지키게 하시옵소서.

오늘의간구 주님의 오심으로 산 길이 열렸음을 기뻐합니다. 아기 예수님의 나심을 통하여 이 땅에 평강의 빛이 생겼습니다. 주님께서는 인간과 하나님과의 평화를 이루셨고, 또한 사람과 사람 사이에 평화를 이루셨습니다. 사랑하는 교우들이 흑암에 행하던 백성이 큰 빛을 보고 사망의 그늘진 땅에 거하던 자에게 빛이 비추게 된 성탄절을 기다리면서 영과 진정으로 예배하게 하시옵소서.

성령님의임재 하나님의 말씀으로 저희들을 향한 주님의 뜻이 무엇인지 분별하여 새로워지게 하시옵소서. 그래서 말씀을 붙잡고 기도하는 생활을 하게 하시옵소서. 말세를 살아갈 때, 하늘의 권능으로 승리하도록 이끌어 주시옵소서. 저희들은 기도하러 모이고, 열심히 서로 사랑하는 중에 은혜의 풍성함을 보게 하시옵소서. 번성케 하시는 여호와의 손이 임하여 믿음의 부요를 누리게 하시옵소서.

교회의사명 교회가 세상을 향해서 빛과 소금이 되라 하셔서 감사합니다. 이제, 교회가 주님의 몸으로 지역사회를 섬기려 합니다. 그러하오니, 우리나라의 좋은 소식이 교회에서부터 시작되게 하시옵소서. 교회 안에서부터 한 자루의 초가 되어 녹아져서 환하게 밝히고, 소금이 되어 풀어져서 맛을 내는 희생의 아름다움을 보게 하시옵소서.

예배위원 말씀의 시간에, 사모하여 기다립니다. 교회를 위하여 말씀을 대언하도록 종을 세워 주셨으니, 종이 받으신 말씀이 선포되도록 강단을 거룩하게 하시옵소서. 회중은 진리의 말씀을 듣게 하옵소서. 하나님의 말씀으로 배부름이 풍성하게 하시옵소서.

○○성가대원들이 하나님을 찬양할 때, 하나님의 영화로움이 보여 지게 하시옵소서. 우리 교회가 천상의 자리가 되기

를 원합니다. 그 찬양으로 저희들에게는 예배에 집중함이 간절해지게 하옵소서.
이 한 시간의 예배가 거룩하게 드려지도록 여러 모양으로 수종을 드는 종들을 세우셨음에 감사드립니다. 선택을 받아 구별되어서 준비된 지체들, 자원하는 심정에서 봉사하는 은총을 더해 주시옵소서.

공동체중보 이 시간에 여호와 앞에서 존귀한 지체를 축복합니다. 저희들에게 이웃을 돌아보는 마음을 주시고, 섬기도록 하셨습니다. 지금, 저희들에게는 문제를 안고 나아온 성도들이 있습니다. 고단한 중에도 주님의 날을 구별하여 예배하러 나온 이들의 신앙을 귀히 여겨 주시옵소서. 예배를 통해서 삶의 문제를 해결 받게 하시옵소서. 사정이 있어 예배에 함께 참여치 못한 성도를 기억해 주시옵소서.

세상을 향해 세상을 섬기게 하시옵소서. 저희들에게 세계와 나라와 가정과 개인의 평화를 꿈꾸며 기도하는 삶을 살게 하시옵소서. 나라를 위해 자기 목숨을 내어 던진 선조들을 주셨음에 감사합니다. 이 나라와 민족이 구원받기 위해서 모세와 같이 자기 민족을 사랑하면서 깨어 있는 믿음으로 살아가는 저희들로 삼아주시옵소서.

예수님의 이름으로 기도드립니다. 아멘.

2025년 12월

12월 1주, 7일, 대림절 2주, 주 - 대설

송년의 계절을 열어주신 하나님,

예배-찬양 교우들의 마음에 불을 피웠던 성탄촛불의 둘째를 켰습니다. 대림절 오전에, 저희들을 죄와 죽음으로부터 구원해 주신 주님의 이름을 높여드리게 하시옵소서. 성탄의 영광을 드러내는 예배로 영광을 바치기를 원합니다. 이로써 예수님의 아기로 나심을 축하하고, 다시 오실 메시야, 재림의 주님을 기다리는 예배가 되게 하시옵소서.

회개-용서 하나님께는 긍휼과 사유하심이 있으니 저희의 죄를 회개합니다. 거리마다 성탄절을 기다리는 축제의 분위기가 있습니다. 그렇지만 진정 저희들의 마음에 왕으로 예수님을 모시지 못한 죄를 고백합니다. 성탄절의 기쁨이 우리의 것이 되지 않게 하시옵소서. 성탄의 영광을 하나님께 드리지 못한 어리석음을 용서해 주시옵소서.

오늘의 간구 약속하셨던 대로 메시야를 보내셔서 성탄의 계절을 맞게 하셨습니다. 이미 오신 예수님의 날을 축하하면서 또 다시 오실 예수님을 기다리는 저희들이 되도록 이끌어 주심을 믿습니다. 메시야의 약속이 이루어지던 날, 하나님의 아들은 초라하게 오셨지만 다시 오시는 예수님께서는 세상의 심판주로서 오시리라 믿습니다.

성령님의임재 주 하나님의 보내심을 받고, 각자의 일터에서 살던 저희들을 거룩한 날에 다시 모아 주셨으니 오늘, 성령님께 충만하게 하시옵소서. 주님께서 마련해주신 예배의 자리에서 성령님의 공동체를 이루게 하시옵소서. 이 자리에서 주님을 왕으로 모시고, 신앙 공동체를 체험하게 하시옵소서. 그 은혜가 소망으로 삼게 하시옵소서.

교회의사명 예배하는 이 시간에, 하나님의 영광을 선포해 주시옵소서. 저희들의 찬양에 천군과 천사들의 화답이 메아리쳐지기를 원합니다. 성령님의 임재로 여호와께 존귀한 지체를 새롭게 해주시는 복을 내려 주시옵소서. 회중은 몸도, 마음도, 생각도, 영도 새롭게 해주시는 성령님의 강권하심으로 들어가기를 원합니다. 예배의 한 시간, 하나님께서 받으시는 제물로서 거룩한 시간이 되게 하시옵소서.

예배위원 이제, ○○의 교우는 마음을 겸손히 하여 하나님의 말씀을 기다립니다. 저희들에게 말씀을 대언하실 목사님께서 단에 오르셨으니 종에게 기름을 부으시고, 생명의 말씀을 선포하게 하시옵소서.
예배를 아름답게 하는 ○○ 성가대의 귀한 지체들의 찬양을 받아주시옵소서. 이들의 찬양을 통해서 우리교회가 하나님께는 영광이 되어 지고, 세상에 하나님께 영광을 드림이 퍼지게 하시옵소서.

그 옛날에, 반열에 따라 성전을 섬겼던 이들처럼, 봉사자들을 세워 주시니 감사합니다. 지금, 저희들이 예배하는 동안에 예배당의 안팎에서 봉사하는 종들로 말미암아 영광을 받으시옵소서. 귀한 지체들의 섬김으로 그들 자신에게도 은총을 입게 하시옵소서.

공동체중보 저희들을 불쌍히 여겨 주시옵소서. 머리를 숙인 ○○의 지체를 보아 주시옵소서. 저희들 각 지체들이 처해있는 형편을 불쌍히 여겨 주시옵소서. 가난한 모습, 실패한 모습, 낙심될 수밖에 없는 형편을 숨김이 없이 고백하게 하시옵소서. 하나님의 긍휼하심으로 저희들의 상한 심령을 어루만져 주시옵소서. 불쌍히 여겨 주셔야만 소망을 가질 수 있습니다. 도와주시옵소서.

세상을 향해 우리교회를 여기에 세우셔서 사명을 다하게 하시니 감사합니다. 이 지역에 오신 주님의 몸이 되어 주민을 사랑하고, 주민을 옳은 대로 인도하는 교회로 이끌어 주시옵소서. 주님께서 세상에 계실 때, 하셨던 섬김과 봉사를 저희들이 이어가기를 원합니다. 소외되고 있는 이들이 없는가를 살피고, 그들을 섬기는 교회로 삼아주시옵소서. 세상을 향해서 나아가기를 원합니다.

예수님의 이름으로 기도드립니다. 아멘.

12월 2주, 14일, 성서주일, 대림절 3주

뭇 백성을 다스리시는 하나님,

예배-찬양 거룩한 날을 성서주일로 지켜 예배하러 모였습니다. 하나님의 말씀을 책으로 엮게 하사, '기록된 말씀'을 경험하게 하시니 감사합니다. 성경을 주신 하나님의 은총에 감사하면서 예배로 나아갑니다. ○○의 성도, 한 마음과 한 입으로 하나님 곧 우리 주 예수님의 아버지께 영광을 돌리게 하시옵소서. 경배를 받아 주시옵소서.

회개-용서 하나님의 말씀을 따르지 못했던 지난 생활을 회개합니다. 주님께서 마음에 계시기를 구하지도 못하고, 눈으로 보는 것들로 마음을 채우기에 바빴음을 고백합니다. 볕이 뜨면 사라지고 마는 안개와 같은 것들을 영원한 것과 바꾼 죄를 용서해 주시옵소서. 이제, 하나님의 모든 충만하신 것으로 충만하기를 구하게 하시옵소서.

오늘의간구 하나님의 권능으로 이 땅에 성경이 반포되게 하셨음을 감사합니다. 우리나라에 복음이 전해지면서 영국과 미국 등, 여러 나라의 도움으로 대한성서공회가 세워지게 하셨습니다. 성도들에게 성경을 보다 저렴한 가격으로 보급하고 불신자들을 위해서 전도지와 단편과 같은 전도용 성서를 많이 공급하게 하셨습니다. 이 귀한 일이 우리의 사명이라고 생각합니다. 이 일에 헌신하게 하시옵소서.

성령님의 임재 죄인들이 말씀을 받아 구원에 이름과 같이 저희들에게 복음을 전함에 대한 사명감을 주시옵소서. 초대 교회의 제자들이 날마다 성전에 있든지 집에 있든지 전도하기를 쉬지 않게 하신 은혜를 저희들도 누리게 하시옵소서. 그들은 예수 그 이름을 위하여 복음을 전하였고, 예수는 그리스도라 하였습니다. 그들이 전도에 항상 힘쓴 열정이 오늘에는 저희들의 것이 되기를 원합니다.

교회의 사명 하나님의 교회가 지상에서 한 몸이 되어야 한다는 사명을 깨닫게 해주시옵소서. 저희들 모두에게 공동체를 위해서 어떤 일이든지 감당하여 섬기는 지체가 되게 하시옵소서. 심령의 뜨거움에서, 하나님의 구원사역을 달성하는 교회가 되게 하시옵소서. 서로를 섬김에 마음을 쓰면서 충성을 다하여 대하게 하시옵소서.

예배위원 이제, 하나님의 말씀으로 마음을 모으게 하시옵소서. 하나님의 말씀을 들려주시려고 목사님을 세워주셨습니다. 강단에서 진리로 이끄실 목사님께 성령님과 지혜에 충만케 하셔서 우리 교회 공동체는 하나님의 말씀으로 흥왕함을 보게 하시옵소서.

이 교회를 위하여 ○○성가대원들을 준비시키셨음에 감사드립니다. 하나님 앞에서 찬송을 맡은 이들이 벅찬 감격으로 찬양을 부르게 하시고, 저희들은 예배하려는 마음이 더욱 간절해지게 하시옵소서.

한 시간의 예배를 위해 여러 모양으로 수종을 드는 종들에게 복을 내려 주시옵소서. 구별된 종들이 하나님께 영광이 되기를 원하고, 교회를 사랑하여 섬기고 있으니 그들에게 복을 더하시옵소서.

공동체중보 주님을 닮아가는 교회가 되기를 원합니다. 우리 교회 안에서 주님의 형제와 자매들은 남의 잘못이나 허물이 있을 때마다 자신을 먼저 돌아보는 사랑으로 충만하기 원합니다. 진정으로 감싸주고, 피차 덕 세우기를 힘쓰는 사랑하는 저희들로 만들어 주시옵소서. 주님의 뜻을 깨달아 진리의 빛을 비추는 삶이 되게 하시옵소서.

세상을 향해 저희들에게 지역사회를 열린 눈으로 바라보며 구체적이고 적절한 봉사를 실천하는 은혜를 주시옵소서. 성탄의 계절에, 베풀어 주신 은혜에 감격하며, 주님의 자비를 베풉니다. 성도들이 개인적으로 주머니를 열어 사회봉사를 위해 사용하도록 하시옵소서. 외면당하고 멸시받는 가난한 이들과 어울리시며 은혜를 베푸신 그리스도를 본받아 도움이 필요한 곳에 적극적으로 참여하게 하시옵소서.

예수님의 이름으로 기도드립니다. 아멘.

12월 3주, 21일, 대림절 4주, 월 - 동지, 목 - 성탄절

그 이름이 영화로우신 하나님,

예배-찬양 오늘, 주일로 구별해 주신 시간에, 하나님을 예배합니다. 우리 하나님의 귀한 자녀들이 교회에 예수님의 이름으로 모였습니다. ○○의 지체들이 영과 진리로 예배드리게 하시옵소서. 찬양으로 하나님의 이름을 높이고, 우리를 다스리시는 주님께 영광을 드리게 하시옵소서. 정성을 드려서 예배할 때, 마음이 즐겁기를 원합니다.

회개-용서 주님께 겸손하게 사랑의 응답을 바치지 못한 죄를 용서해 주시옵소서. 성탄절을 맞이하면서 목자들, 동방의 박사들처럼 주님을 경배하려 하기보다는 저희들의 일로 분주해 있는 마음을 회개합니다. 주님을 기뻐하지 않는 악행을 저질렀으니 받아주시옵소서. 하나님의 뜻이 저희들의 순종을 통해서 이루어지도록 고쳐주시옵소서.

오늘의간구 하나님께서 정녕 저희들과 함께 하심을 믿습니다. 성탄절에 예수님을 만나 경배하려는 사모의 마음을 주셨음에 찬송합니다. 목자들은 천사가 전해준 소식을 듣고, 아기 예수를 찾았습니다. 저희들에게 믿음의 눈으로, 아기로 오셨던 그 날의 예수님을 뵙게 하시옵소서. 주님을 만나 경배하는 성탄절이 되도록 도와주시옵소서. 동방의 박사들이 별을 보고 나섰던 여행길의 경험을 주시옵소서.

_{성령님의임재} 오늘 성령님께 충만하게 하시옵소서. 세상이 달라지기를 바라기 전에 나 자신이 달라지며, 하나님이 나와 함께 하시는 확실한 믿음을 가짐에 도전하게 하시옵소서. 종교개혁자의 위대한 믿음의 유산을 따라서 용기 있는 그런 생으로 승리하기를 사모하게 하시옵소서. 하나님께 인정을 받는 개혁의 신앙을 갖게 하시옵소서.

_{교회의사명} 복음을 전해도 들으려 하지 않는 사람들, 우리나라를 불쌍히 여겨 주시옵소서. 이 민족을 사랑하셔서 저희들에게 회복의 은혜를 허락하옵소서. 마귀의 유혹에 넘어가고, 헛된 영광을 구하며 지냈던 죄를 고백하게 하옵소서. 이 백성에게 뜻을 허탄한 데 두고 살았던 죄악을 회개하게 하시옵소서. 믿음으로 회복시켜 주시옵소서. 생명의 말씀을 받았습니다. 그 말씀으로 세워지게 하시옵소서.

_{예배위원} 성탄절을 감사하는 절기에, 강단에 세우신 목사님을 붙잡아 주셔서 진리의 말씀을 선포하게 하시옵소서. 저희들은 그 말씀을 받아 그대로 따르는 삶을 살아드리려 다짐하게 하시옵소서.

기쁜 시간에, 하나님을 영화롭게 해드리려는 성가대원들에게 기름을 부어주시옵소서. 그들이 입술을 벌려 찬양을 올려드릴 때, 이 전에 영광이 가득하기를 빕니다. 아름다운 찬

양에 성도들도 화답하게 하시며, 온 교회가 성삼위 하나님께 영광을 드리게 하시옵소서.

이 한 시간의 예배에 일꾼으로 선택되어 봉사하게 된 종들을 거룩하게 하시옵소서. 순서를 섬기는 종들은 한 사람, 한 사람이 예배의 청지기로서 감격과 감사함으로 수종을 들게 하시옵소서.

공동체중보 택한 백성을 돌아보시는 하나님의 긍휼하심이 있으시기를 빕니다. 그 은혜로 사랑하는 지체들, 환난을 만나거나 곤란한 지경으로 내몰린 역경의 시간을 잘 지내게 하시옵소서. 도와주시기를 기다리시는 하나님의 은혜를 소망하게 하시옵소서. 그들이 지금의 어려움으로 말미암아 여러 가지 미혹에 이끌려 마음을 내어주지 않게 하시옵소서. 육에 취하여 자신을 내어주지 않게 하시옵소서.

세상을 향해 주님의 피 묻은 십자가를 언제나 사랑하게 하시고, 주님께서 받으셨던 고난의 쓴잔을 이제 저희가 받게 하여 주시옵소서. 주님의 사랑을 기억하며 다른 이들의 가슴에도 주님의 사랑을 심을 수 있도록 축복하여 주시옵소서. 생명과 자유를 주신 주님을 함께 찬양할 수 있는 교회가 되게 하여 주시옵소서.

예수님의 이름으로 기도드립니다. 아멘.

12월 4주, 28일, 송년주일, 수 - 송구영신, 목 - 새해첫날

올해, 끝까지 함께 해주신 하나님,

예배-찬양 "자나깨나 주의 손이 항상 살펴주시고 모든 일을 주 안에서 형통하게 하시네." 송년의 예배로 하늘에 영광을 선포합니다. 예배하는 시간에, 주님께서 주신 그 모든 것들을 헤아려 보게 하시옵소서. 저희들의 삶에 늘 향기로운 찬양의 제사가 있게 하여 주시옵소서. 하나님을 영화롭게 해드리기를 원합니다. 온 만물이 함께 찬양을 드리며, 호흡이 있는 자마다 크게 찬양하는 시간되게 하시옵소서.

회개-용서 지난 일 년의 삶을 돌아볼 때, 하나님의 인도가 아니었다면 우리가 아무것도 할 수 없었음을 고백합니다. 주인이 맡긴 달란트를 땅속에 묻어 두었다가 그대로 내어놓는 약하고 게으른 종의 모습이 바로 저희들이었습니다. 지난 연말에는 많은 것들을 계획했지만 한 발짝도 앞으로 나아가지 못하였음을 용서해 주시옵소서.

오늘의간구 하나님의 임마누엘로 여기까지 이르게 하셨음에 감사드립니다. 한 해의 마지막 순간까지 함께 해주셨음에 큰 영광을 드립니다. 이 시간에 여호와의 인자하심을 즐거워하고 저희들에게 베풀어주신 기이한 일들로 말미암아 영광을 나타내게 하시며, 동행해 주신 은총 앞에서 새해의 삶을 결단하게 하시옵소서. 하나님께 영광!

성령님의임재 오늘, ○○의 지체에게 계대로 이어지는 하나님의 은혜를 사모하고, 내려주실 복을 확신하게 하시옵소서. 교회가 세워진 이후로, 신앙선배들의 수고를 통해서 후대에 충성과 봉사가 이어지기를 원합니다. 주님의 영광을 그들의 후대에게 나타내어 그 은혜에 감사하며, 선배를 따라서 교회가 하나님께 영광이 되게 하시옵소서.

교회의사명 나라를 위하여 간구합니다. 천국백성이면서 이 땅에서 대한민국의 백성으로 나라를 사랑하며 나라를 위해서 기도하는데 부지런하기를 원합니다. 가이사의 것은 가이사에게로 돌리라 하셨으니 국민으로서의 나라사랑에 헌신되게 하시옵소서. 나라를 위하여 국민 된 의무에 소홀함이 없기를 원합니다. 나라를 위해서 무엇을 해야 하는지를 깨달아 알게 하시고, 그대로 봉사하게 하시옵소서.

예배위원 ○○의 권속은 오늘도 하나님의 말씀을 사모합니다. 진리의 시간, 51주일의 말씀을 영혼의 양식으로 삼게 하셨습니다. 오늘도 송년주일에 들려주시는 하나님의 말씀을 받게 하시옵소서. 말씀을 대언하실 목사님께서 생명과 진리의 말씀을 선포하시도록 하시옵소서.

○○성가대를 축복하셔서 귀한 지체의 찬양을 통해서 하나님께는 영광이 드려지고, 회중은 그 은혜로 예배해 왔습니

다. 감사합니다.

저희들이 예배하는 동안에 예배당의 안팎에서 봉사하는 종들에게 섬김으로 예배를 아름답게 하시니 그들이 은총을 입게 하옵소서. 삼위 하나님께 영광을 돌려 드리는 섬김을 허락해 주시옵소서.

공동체중보 저희들에게 예배 중심의 성도가 되게 하셔서 복을 주셨습니다. ○○의 지체 중에, 병든 이들이 있어서 그들의 치유를 위하여 빕니다. 육체적으로 병들어서 병원이나 집에서 치료 중인 이들을 하나님의 자비하심으로 고쳐주시옵소서. 살아가는 환경이 관해서 함께 하지 못한 지체들도 불쌍히 여기시옵소서. 그들에게 주님의 평안을 내려주시고, 예수 이름의 능력을 바라게 하시옵소서.

세상을 향해 마음의 문을 연 저희들의 심령에 성령님께서 들어오시기를 원합니다. 성령님의 충만하심으로 소망의 풍성함에 이르게 해주시옵소서. 진리에 순종함으로 더욱 의롭도록 이끌어 주시옵소서. 하늘의 문을 여시고 폭포수와도 같은 여호와의 영광이 저희들의 심령에 가득하게 하시옵소서. 그리하여 증인으로 지내고, 우리교회가 오늘까지도 세상 중심에서 복음으로 나아가니, 감사합니다.

　　　　　　　　　예수님의 이름으로 기도드립니다. 아멘.

2026년 1월

(2026) 1월 1주, 4일, 신년주일, 월 - 소한

새해, 첫 예배로 나오게 하신 하나님,

예배-찬양 새 해의 날을 열어주시고, 첫 주일로 맞아드린 거룩한 날입니다. 하나님의 이름을 높이게 하시고, 해 뜨는 데부터 해 지는 데까지 주님의 이름에 찬양을 드립니다. 지금, 생명과 빛으로 오신 주님을 즐거워하면서 예배의 자리로 나아가기 원합니다. 영과 진리로 예배하게 하시고, 머리를 숙인 권속들을 산 제물로 받으시옵소서.

회개-용서 저희를 부르시어 오늘도 회개할 수 있는 기회를 주시니 감사합니다. 심판주를 맞이할 날이 곧 오니, 진심으로 애통해 하기를 원합니다. 회개하도록 말씀을 주시고, 마음에 감동을 주시고, 인도하시는 하나님께 감사를 드립니다. 주의 사랑, 그 용서, 그 거룩한 은총을 생각하며 감사 감격한 중에 잃어버린 진심을 찾게 하시옵소서.

오늘의 간구 "여호와는 나의 목자시니 내게 부족함이 없으리로다."(시 23:1) 하나님께서 열어주신 새해의 시간, 저희들에게는 부족함이 없는 삶으로 인도해 주실 것을 믿습니다. 새해의 첫 시간을 보내면서 여러 가지의 일들을 계획하고, 또한 바랄지라도 여호와를 목자로 삼아 지내게 하시옵소서. 오직 하나님을 의지하는 복으로 지내게 하시옵소서. 목자이신 하나님께서 이끌어 주심을 누리게 하시옵소서.

성령님의 임재 새해의 시간을 여셨으니 성령님으로 충만하게 하시옵소서. 하나님의 영광이 이 땅에 가득하기를 소망합니다. 저희들의 생명을 연장시켜 주시고, 다시 한 해의 삶을 살게 해주셨으니 성령님께 충만해서 지내기를 원합니다. 주님께서 다시 오실 때, 칭찬과 영광과 존귀를 얻는 소망을 갖고 새해의 삶을 시작하게 하시옵소서. 새해를 살아가는 365일이 하나님을 의지함이 되게 하시옵소서.

교회의 사명 예배하면서 우리의 왕이 되셔서 만물을 지배하는 권능을 갖고 계신 하나님의 이름을 찬양하게 하시옵소서. 하나님은 우리의 아버지시라 선한 것은 무엇이든지 우리에게 주시기를 원하심을 믿는 믿음의 고백을 드리게 하시옵소서. 아울러 저희들이 기도에 응답을 받을 때마다 하나님의 이름에 영광을 바치게 하시옵소서.

예배위원 오늘 ○○의 강단에서 하나님의 말씀이 온전히 선포되게 하시옵소서. 하나님의 말씀을 받는 성도들의 마음과 마음에 새 생명을 주시옵소서. 강단에서 떨어지는 말씀이 생명의 양식이 되어, 저희들에게 힘이 되게 하시옵소서. 그리하여 지체들의 영혼이 되살아나서 교회 안에 사랑과 기쁨과 찬송이 넘치게 하시옵소서.
○○성가대의 찬송으로 하나님의 영광이 예배당 안에 가득

하게 하시고, 회중은 그 은혜로 하나님께 더욱 가까이 나아가도록 하시옵소서.

오늘도 하나님께서 받으실 만한 예배가 되기 위해서 예배위원들로 하여금 봉사하도록 하셨으니 감사드립니다. 선택을 받았음에 봉사와 섬김을 존귀하게 여겨서 충성하는 종들로 삼아 주시옵소서.

공동체중보 저희들에게 생명의 삶을 살도록 인도해주심에 감사드립니다. 은혜와 진리 안에서 십자가를 지고 인내의 힘과 변하지 않는 믿음으로 그리스도를 따르게 하시옵소서. 진리의 말씀으로 천국까지 인도하시는 하나님을 바라봅니다. 저희들은 이 한 시간의 예배로 온 교회가 든든히 세워지도록 이끌어 주시옵소서. 주님께서 다시 오시는 그날까지 예수님의 이름만 의지하는 저희들이 되게 하시옵소서.

세상을 향해 주님께서 친히 세우신 교회입니다. 믿음으로 살기에, 힘들고 어려워도 고난 가운데서 주님의 뜻을 담아내는 교회가 되게 하시옵소서. 주님의 요청이 무엇인지 분별할 수 있는 교회가 되어, 주님의 형상을 더욱 분명하게 드러내는 교회가 되도록 이끌어 주시옵소서. 세상을 향해서 구원의 방주로서의 섬김을 다하게 하시옵소서.

예수님의 이름으로 기도드립니다. 아멘.

1월 2주, 11일

인생에게 만복의 근원이 되시는 하나님,

예배-찬양 새 마음과 새 생각을 주시고 둘째 주일을 맞이하게 하시니 감사합니다. 생명의 삶을 살게 하셨으니, 주의 백성은 찬송을 드리게 하시옵소서. 하늘의 문이 열려 구원의 은혜와 평강의 복이 넘치게 하신 하나님의 이름에 합당한 영광을 드리는 예배로 나아갑니다. 주님의 영으로 충만하여 축제의 기쁨으로 예배하게 하시옵소서.

회개-용서 재물에 붙잡혀서 노예로 지내던 저희들, 인습을 거절하지 못함을 용서해 주시옵소서. 인간의 더러운 욕심에 자신을 내어주었으면서도 깨닫지 못하니 불쌍히 여겨 주시옵소서. 성령님의 자유하게 하시는 능력으로 죄를 거절하게 하시옵소서. 재물을 비롯해서 그 어떤 것에도 노예가 되지 않고, 자유인으로 살아가게 하시옵소서.

오늘의간구 예배로 시작한 한 해의 삶을 예배로 이어가는 ○○의 성도들이 되기를 원합니다. 올해에도 하나님께서는 우리를 인도해 주심을 믿습니다. 매일, 매일 여호와를 의지하는 중에, 인도하심 속에서 살아가게 하시옵소서. 그것을 기뻐하십니다. 저희들이 갈 길을 미리 아시고, 하나하나 성취시켜 나가시는 여호와를 소망하게 하시옵소서. 하나님의 일을 성취하시는 은혜를 보기 원합니다.

성령님의 임재 우리 교회가 이 땅에 세워져 있는 이유를 복음을 전함에 두게 하시옵소서. 절망에 빠졌던 인생들에게 소망을 주시는 손길을 바라봅니다. 뭇 사람들에게 복음이 전해질 때마다 영생에 이르게 하시는 하나님의 구원을 바라봅니다. 한 사람에게도 더 예수 믿음의 복음을 전하시는 여호와의 열심을 소망합니다. 저희들의 전도로 듣는 사람마다 주님을 그리스도로 믿게 하시옵소서.

교회의 사명 여기에 모인 이들이, 한 몸이라는 사실에 감격하며, 서로를 받게 하시옵소서. 저희들은 교회에서 세상을 향해, 온전히 주님의 영광을 선포하기 원합니다. 거룩한 전에서 영원히 살아계시는 주님을 찬양할 때, 하나님의 영광을 드러내기 원합니다. ○○의 지체에게 하나님의 이름을 거룩하게 하며, 영과 진리로 임하게 하시옵소서.

예배위원 말씀을 선포하실 목사님께 성령님의 기름을 부으심으로 영력을 더하여 주시옵소서. 강단을 생명의 진리로 채워주시옵소서. 저희들은 왕 앞의 신하와 같이 말씀을 듣게 하시옵소서. 말씀을 전하시는 목사님, 그 말씀을 받는 저희들, 진리로 세워지게 하시옵소서.

○○성가대를 세우셨으니, 아름다운 찬양으로 하나님의 이름을 송축하게 하시옵소서. 예수님을 구주로 믿는 무리들,

예배하는 감격에 넘쳐 한 마음으로 하나님을 찬양하며 예배하도록 하옵소서.

이 예배를 위해서 봉사하는 종들이 있으니, 그들이 더욱 충성스럽게 감당하게 하옵소서. 함께 모인 회중이 전심으로 주를 찬송하고, 영원토록 주님의 이름에 영광을 드리게 하시옵소서.

공동체중보 사랑하는 지체 중에는 엄동설한의 시간이 더 추운 이들이 있습니다. 병에 짓눌려 고통을 겪고 있는 지체들의 기도를 들어주시옵소서. 그들이 하나님을 더 가까이 하게 하시옵소서. 병상을 적시는 안타까운 눈물을 보아 주시옵소서. "내가 너를 낫게 하리니"라는 음성을 듣게 하시옵소서. 나사렛 예수 이름으로 깨끗하게 치료하여 주시옵소서. 치유의 기적을 보게 하시옵소서.

세상을 향해 저희들의 나아가는 걸음을 힘차게 하셔서 죄를 멀리하고, 마귀의 유혹을 물리치며, 자신과 싸워서 이기는 오늘이 되게 하시옵소서. 저희들은 어디에서, 무엇을 하든지 십자가의 군사가 되게 이끌어 주시옵소서. 예수 이름으로 믿음과 소망 그리고 사랑으로 살게 하시옵소서. 하나님의 사랑으로 완성되는 삶이기 원합니다.

예수님의 이름으로 기도드립니다. 아멘.

1월 3주, 18일, 화 - 대한

하늘에 가득 찬 영광의 하나님

예배-찬양 오늘, 주님의 날에 성삼위 하나님의 이름을 높여드리게 하시옵소서. 소망이 되신 그 이름에 합당한 찬송으로 영광을 드립니다. 이 복된 자리에서, 저희들에게 새 생명을 주신 여호와를 예배할 때, 영과 진리로 예배하게 하시옵소서. 구원의 하나님께 예배드림이 마음을 다하고, 뜻을 다하는 생명의 축제가 되기를 원합니다.

회개-용서 거룩하게 살아가라 하셨으나 끝없는 욕심과 허영과 세상적인 욕망에 사로잡혀 우리 마음이 어두워진 지 오래됐습니다. 용서해 주시옵소서. 저희들의 오염되어 찌들어진 심령을 씻겨 주시옵소서. 주님의 피를 발라, 죄 사함으로 하늘을 보는 눈을 밝혀주시옵소서. 주님의 피로 귀를 씻기셔서 하나님의 음성을 듣게 하시옵소서.

오늘의간구 새해, 첫 시간의 계절에, 우리나라와 이 민족을 하나님께로 올려드립니다. 저희들에게 모국으로 주신 대한민국, 영적으로는 하나님 나라의 백성, 육적으로는 이 땅의 백성으로 지내오게 하셨음에 감사합니다. 하나님을 사랑하는 만큼 이 땅도 사랑하기를 원합니다. 하나님께서 대한민국을 창성하게 하시옵소서. 하나님께서 저희를 사랑하사 새날을 주셨으니 저희도 하나님을 사랑하게 하시옵소서.

_{성령님의임재} 연약함, 주님께서 함께 하심에도 불구하고 저희들의 믿음이 너무도 연약하였음을 고백합니다. 사소한 일에도 평안을 잃고 두려워하는 마음을 가졌었습니다. 저희들의 마음에 담대한 믿음을 허락하셔서 모든 성도들의 심령이 오직 하나님의 영광을 위하여 세상에 도전할 수 있는 믿음을 더하여 주시옵소서.

_{교회의사명} 여호와께서 주신 이 땅, 이 민족 한국이 사는 길은 의인들의 수가 많아지는 데 있는 줄 알게 하옵소서. 지난날의 전쟁에 대하여 누구의 탓을 하지 말고, 하나님 앞에서 새롭게 살려는 다짐이 이 민족에게 부흥의 불길처럼 번지기 원합니다. 우리나라의 좋은 소식이 교회에서부터 시작되도록 도와주시옵소서.

_{예배위원} 선포되는 주님의 말씀이 저희를 비추는 거울이 되기를 원합니다. 대언해 주시는 말씀으로 흐트러진 모습을 발견하고, 신앙으로 바로 서게 하시옵소서. 우둔한 귀를 열어서 듣게 하시옵소서.
성가대원들이 하나님 앞에 찬양을 드립니다. 받아 주시옵소서. 성가를 부르는 이들과 함께 하는 ○○의 지체들이 은혜를 누리는 찬양이게 하시옵소서. 찬양의 영광이 교회를 가득 채우게 하시옵소서.

오늘도 저희들이 주일을 성수하도록 교회 안의 여러 위치에서 수고하는 이들을 세워주셨습니다. 그들에게 기름을 부으시고 섬김의 은혜를 내려 주시옵소서. 교회의 각 기관에서 봉사하는 이들에게 오직 마음을 드려서 하나님의 교회를 세워나가게 하시옵소서.

공동체중보 오늘의 예배로 말미암아 하나님 앞에서와 사람들에게 나눔의 축제가 되기를 빕니다. 하나님께서 저희들에게 주신 사랑을 나누고, 복음을 나누고, 또한 재물도 나누는 은혜를 누리게 하시옵소서. 이를 통하여 하나님을 높이고 존귀와 영광을 돌리게 하시옵소서. 주님께서 자신을 죄인들에게 나누어 주셨듯이, 나눔으로 감격스럽게 하시옵소서. 예배의 시간으로 서로가 한 몸을 누리게 하시옵소서.

세상을향해 하나님의 사랑을 받았으니, 이웃을 사랑하게 하시옵소서. 살아가는 동안에, 사랑으로 섬겨야 될 이웃을 혹시라도 얕잡아보거나 모욕하지 않게 하시옵소서. 아무리 분노가 치밀어도 복수에 불타는 마음을 끊는 은혜에 충만하기를 빕니다. 이웃에 대하여 인내와 화평과 온유와 자비와 우정으로 섬겨 하나님의 영광을 구하게 하시옵소서. 저희들에게 넘치는 사랑을 이웃에게 전하게 하시옵소서.

예수님의 이름으로 기도드립니다. 아멘.

1월 4주, 25일

귀를 기울여 주시는 하나님,

예배-찬양 주일로 구별해 주시고, 선택을 받은 이들이 모였습니다. 지난 한 주간의 날들 동안에, 주님의 기사와 이적으로 풍성케 하셨음에 찬송을 드립니다. 오직 마음을 드리는 지금, 감사로 제사하는 저희들이 되어 여호와의 영광을 인정하게 하시옵소서. 교회에서 한 몸이 된 권속이 세세무궁토록 영광을 바치게 하시옵소서.

회개-용서 오늘도 우리를 사랑하사 지난날의 그 많은 실수를 꾸짖지 않으시고, 현재의 이 시점에서 "네가 나를 사랑하느냐"고 물으시는 주님을 바라봅니다. 인생의 죄를 도말하시고, 죄 없다 선언해 주시기를 원하시는 그 은혜로 저희들을 용서해 주시옵소서. 하나님을 떠난 생각을 다 버리게 하시옵소서. 심령을 깨끗하게 해 주시옵소서.

오늘의간구 성령님의 도우심은 모든 것에 합력해서 성공으로 인도해 주심을 믿습니다. 마음이나 생각에서 부정적인 이미지, 실패의 두려움을 몰아내어 주시옵소서. 이미 두려움은 예수님께서 짊어져 주셨습니다. 두려움으로 몰아넣는 주저함과 망설임을 거절하게 하시고, 오직 하나님의 인도하심을 내다

보게 하시옵소서. 성령님의 역사로 하나님께서는 영광을 받으시고, 저희들에게 기쁨이 되게 하시옵소서.

성령님의임재 ○○교회에 복을 주시는 여호와의 손길을 기뻐합니다. 주님의 교회를 위해서 충성스런 일꾼들을 세워주셨음에 감사드립니다. 성도들 중에 일꾼들을 구별하심은 이 교회의 복임을 믿습니다. 저들의 기도와 헌신으로 말미암아 주님의 몸 된 교회가 세워져나가는 비전에 대한 깨달음을 주시옵소서.

교회의사명 우리나라, 이 땅에 하나님의 뜻이 이루어지길 소망하면서도 기도에 부족했음을 고백합니다. 하나님 앞에서 의인으로 세워진 교회이기를 원합니다. '예수 한국'을 이루려는 마음을 갖고 있으면서도 나라의 지도자들을 위하여 기도로 돕지 못했음을 용서해 주시옵소서. 나라의 지도자들을 위한 영적 책임으로 기도하겠습니다. 권세는 하나님께로 나지 않음이 없음을 기억하게 하시옵소서.

예배위원 강단에서 증거 되는 목사님의 설교가 우리를 배불리 먹이시는 말씀이 되게 하시옵소서. 말씀을 전하실 목사님을 성령님의 능력으로 붙들어 주실 줄로 믿습니다. 말씀을 받는 지체에게는 들을 귀를 열어서 생명의 양식이 되게 하시옵소서.
성가대로 봉사하는 성가대원들에게 귀한 직분을 허락하셨으니 더욱 공교히 찬양하여 하늘에서의 은혜가 쏟아지는 귀한 찬양을 드릴 수 있도록 복으로 더하여 주시옵소서.
마음을 다하여 예배를 돕는 손길들을 기억해 주시옵소서. 반열에 따라 부름을 받은 종들, 믿음으로 봉사하게 하시옵소서. 저들의 봉사와 헌신에서 큰 영광을 돌리는 예배가 되게 하시옵소서.

공동체중보 주님께서는 자유를 주셨으나 여전히 차꼬에 매여 있음을 고백합니다. 이 차꼬는 자신을 부인하지 못하고, 자기를 거절하지 못하여 스스로가 놓은 것입니다. 자기의 이익만을 구하려 하고, 자신만을 사랑하여 스스로 차꼬에 매여 있음을 불쌍히 여겨주시옵소서. 자기를 거절하여 주님께서 주신 자유를 누리게 하시옵소서.

세상을 향해 저희들에게 죽어가는 이들의 생명을 보게 하시옵소서. 우리교회가 있는 이 동네에도 주님을 주님으로 섬기지 않는 이들이 있습니다. 하나님께서 구원하시려고 작정하신 영혼들을 보게 하시옵소서. 죄와 저주의 사슬에 매여 신음하고 있는 불신자들의 안타까움을 보게 하시옵소서. 그들을 구하시려는 하나님의 마음을 알게 하시옵소서. 이 지역에서 생명을 살려내는 교회로 삼아 주시옵소서.

예수님의 이름으로 기도드립니다. 아멘.

2026년 2월

2월 1주, 1일, 수 - 입춘

2월의 첫째 주일을 열어주신 하나님,

예배-찬양 만물이 하나님을 예배하는 이 시간에, 주님의 이름으로 모였습니다. 흩어졌던 성도들, 주님의 크신 이름을 높여드리게 하시옵소서. 주일에, 하나님을 영화롭게 해드리려는 저희들을 주님의 백성으로 삼으셔서 영광을 받아 주시옵소서. 그 크신 팔로 감싸 안아 주시는 은혜를 기억하며 예배할 때, 영광을 받아주시옵소서.

회개-용서 성도라는 이름을 주셨건만 거룩하기에 부족했음을 용서해 주시옵소서. 살아가면서 하나님의 방법을 버리고, 세상적인 방법을 따랐음을 고백합니다. 이웃과의 관계에서 주님의 증인이어야 했던 저희들, 나에게 피해를 주었던 이웃에게 원수를 갚으려 했던 죄를 용서해 주시옵소서. 이제는 인간관계도 하나님께 맡기게 하시옵소서.

오늘의간구 오직 믿음으로 시작한 금년의 삶에서 벌써 한 달이 지나고 2월을 맞이합니다. 금년의 시간을 믿음으로 시작했던 것과 같이 예수님만을 섬기는 삶이 되게 하시옵소서. 제자들이 주님을 따라나섰을 때, 배와 부친을 버려두고 따랐던 삶이 저희들의 것이 되게 하시옵소서. 저희들에게 세상의 즐거움을 버리고 주님을 따르게 하시옵소서. 오직 주님만을 의지하고 지내게 하시옵소서.

성령님의임재 성령님께서 저희들과 함께 하시니, 거룩하신 주님을 찬양하되 마음껏 찬양하게 하시옵소서. 천사들도 흠모할 찬양을 드리게 하시옵소서. 저희들이 순서에 따라 주님을 경배할 때, 하나님의 영광을 가로채려 하는 마귀의 계략을 무찌르소서. 신령과 진정으로 마음을 묶은 성도들, 다만 하나님을 높이는 예배가 되게 하시옵소서.

교회의사명 우리 교회에 기름을 부으심이 넘치기를 빕니다. 예배하는 공동체에 성령님으로 말미암은 충만으로 들어가게 하시옵소서. 성령님의 오심으로 말미암은 영광을 받으시옵소서. 성령님께서 임마누엘로 함께 해주시니 감사드립니다. 예배하는 이 자리에 성령님을 환영해 드리면서 하나님의 자비하심을 찬양하는 소리가 가득하게 하시옵소서. 성삼위 하나님께 영광을 드리게 하시옵소서.

예배위원 오늘도 하나님의 말씀을 선포하시는 목사님께 말씀의 권세와 능력이 함께 하사 성령님의 권능으로 붙들어 주시옵소서. 하나님의 권세와 주권이 선포되는 귀한 시간이 되게 하여 주시옵소서. 회중은 아멘으로 말씀을 받아 거룩해지게 하시옵소서.
세움을 받은 성가대원들로 말미암아 하나님께 영광을 드립니다. 귀한 지체가 진리 안에서 노래하게 하시며, 주님의 아름다우심을 찬양하게 하시며, 성가로 영광을 드리니 은총을 내려주시옵소서.

예배를 위하여 수고하는 예배위원들 위에 축복하여 주시옵소서. 예배를 섬기는 모든 손길들을 축복하여 주시고, 그 봉사로 인해 더욱 하나님께로 다가가는 은혜를 더하여 주시옵소서.

공동체중보 하나님의 은혜를 구하여 머리를 숙인 사랑하는 권속, 한 사람, 한 사람을 보아 주시옵소서. 저희들 각 지체들이 처해있는 형편을 불쌍히 여겨 주시옵소서. 가난한 모습, 실패한 모습, 낙심될 수밖에 없는 형편을 숨김이 없이 고백하게 하시옵소서. 하나님의 긍휼하심으로 저희들의 상한 심령을 어루만져 주시옵소서.

세상을 향해 주님의 교회가 ○○동에 세워져서 오늘도 주님의 몸으로 있게 하심은 하나님의 일을 하라는 의미라고 깨닫습니다. 포도주가 떨어졌던 혼인잔치의 집에서 주님이 포도주를 만들어 내신 것처럼, 저희들에게 세상을 위하여 수고하게 하시옵소서. 지역사회를 사랑하고, 여기에서 함께 지내는 이들에게 기쁨을 주는 교회가 되게 하시옵소서. 우리 지역에서 소망을 주는 교회가 되게 하시옵소서.

예수님의 이름으로 기도드립니다. 아멘.

2월 2주, 8일

자기 백성을 찾으시는 하나님,

예배-찬양 주를 기뻐하고 즐거워하는 저희들, 여호와의 이름으로 나아오게 해주신 하나님께 영광을 드립니다. 주일이 되기를 기다려 성소에 모인 저희들에게 지존하신 주의 이름을 찬송하게 하시옵소서. 여호와를 두려워하는 백성들로 입을 벌려 찬송하게 하시옵소서. 하나님을 사모하며, 경외하는 저희들에게서 영광을 취하시옵소서.

회개-용서 하나님께서 날마다 천지가 진동하는 것 같이 강하게 들리도록 말씀하시건만 저희들은 그 말씀에 민감하지 못했음을 회개합니다. 하나님의 음성을 듣는 마음의 귀가 어두워진지 오래되었음을 용서해 주시옵소서. 마음을 비워 하늘에 주목하게 하시옵소서. 주님의 보혈로 탐심으로 더러워진 마음을 씻겨 주시옵소서.

오늘의간구 하나님께서 이 나라를 사랑하시는 줄로 믿습니다. 이 땅에서는 하나님을 배역하는 일들이 횡행하고 있음을 안타까워합니다. 우상을 따르는 이들이 그 죄에서 돌아서게 하시옵소서. 무지로 말미암아 부도덕과 비윤리에 빠진 이들이 올바름으로 돌아서게 하옵소서. 불의를 거절하게 하시옵소서.

혼돈과 죄악에 있는 백성을 구원하셔서 우리 사회에 하나님의 공의와 사랑이 넘쳐나게 하시옵소서.

성령님의 임재 인류를 사랑하시는 하나님의 마음을 저희들의 가슴에 담게 하시니 감사합니다. 저희들을 이 땅에서 태어나게 하심은 조국에 대한 빚진 자의 사명을 주심이라 깨닫습니다. 이 땅 어디에서라도 복음을 듣지 못하여 구원에 이르지 못할 사람이 없게 하시는 하나님의 마음을 주시옵소서. 전도를 위하여 기도하며 헌금으로 후원하게 하시옵소서. 그리하여 증인으로서 부족함이 없게 하시옵소서.

교회의 사명 주님의 몸으로 세워주신 우리 교회, 여기에서 꿇어 엎드린 주의 사랑하는 성도들을 위하여 기도합니다. 눈물 흘리며 기도하는 기도를 들으시고 좋은 것으로 응답해 주시옵소서. 온 성도들이 먼저 하나님 말씀대로 살아가는 믿음을 갖기 원합니다. 저희들을 온전히 이끄셔서 더 굳센 믿음 위에 서게 해주시옵소서.

예배위원 말씀을 준비하신 목사님께 성령님으로 감동해주시옵소서. 저희들은 하나님의 말씀을 즐거운 마음으로 받아 법도를 사랑하고 지키기를 소망합니다. 주님의 말씀으로 저희들이 온전히 세워지게 하시옵소서. 말씀의 은혜로 든든하게 세워져 가게 하시옵소서.

○○성가대를 세워주셔서 감사합니다. 아름다운 찬양이 있는 예배로 하나님께 영광이 드려지기 원합니다. 구별을 받

은 종들이 마음과 몸을 드려 찬양할 때, 하나님께의 영광이 선포되게 하시옵소서.

예배가 예배되도록 섬김으로 수고하는 종들에게 잘 했다고 칭찬하사 크신 복을 내려주시옵소서. 맡은 자리에서 예배의 진행을 돕는 손길들에게 거룩함으로 감당하도록 은혜를 더하여 주옵소서.

공동체중보 택한 백성을 돌아보시는 하나님의 긍휼하심이 있기를 빕니다. 그 은혜로 역경의 시간을 잘 지내게 하시옵소서. 도와주시기를 기다리시는 하나님의 은혜를 소망하게 하시옵소서. 세상의 여러 가지 미혹에 이끌려 마음을 내어주지 않게 하시옵소서. 믿음으로 심령을 굳게 하여 소망 중에 세워나가는 은혜를 누리게 하시옵소서.

세상을 향해 저희들이 주 안에서 적극적으로 살아가기 위해서 지난 날, 자신을 괴롭히던 불쾌한 기억을 버리게 하시옵소서. 예수님을 모시기 전에 겪었던 쓰라린 시간을 버리도록 도와주심을 빕니다. 오래된 상처와 실망과 좌절과 과거의 실패에 대한 기억으로 인하여 괴로움을 당하지 않게 하시옵소서. ○○의 권속은 오직, 하나님을 소망하는 저희들의 지체로 인도해 주시옵소서.

예수님의 이름으로 기도드립니다. 아멘.

2월 3주, 15일

그 얼굴을 돌려주시는 하나님,

예배-찬양 청지기로 지내오던 저희들, 주일에, 거룩한 곳이라 하신 교회에 모여서 하나님을 송축합니다. 거룩함을 입은 자녀들이 하늘에 마음을 두고 예배를 드리기를 즐거워하며, 하나님께 영광을 드리게 하시옵소서. 이 백성이 하나님을 찬양하는 소리가 들리게 하시옵소서. 영광과 능력을 여호와께 돌리는 예배가 되게 하시옵소서.

회개-용서 오늘도, 하나님의 말씀에 부족하였음을 용서해 주시옵소서. 주님께서는 복음의 종들을 위해서 기도하기를 원하셨지만 저희들은 그러하지 못하였습니다. 선교사들의 사역을 위하여 기도하지 못했던 삶을 고백합니다. 하나님 나라의 확장에 헌신하는 선교사들의 필요와 중보기도에 둔감하였던 죄를 용서해 주시옵소서.

오늘의간구 설날 명절을 맞이하여 즐거움을 누리게 하시니 감사합니다. 민족의 명절에 온 가족이 하나님을 영화롭게 해드리는 시간으로 삼게 하시옵소서. 가정을 이루고 있는 식구들이 설의 복을 나누면서 가족의 복을 기도하는 시간으로 삼게 하시옵소서. 서로 한 마음이 되어 음식을 나누는 식탁의 즐거움 속에 하나님의 사랑이 녹아들기를 원합니다. 명절을 복음을 나누는 시간으로 삼아 주시옵소서.

성령님의임재 주님의 은혜를 사모하는 자들마다 주의 영으로 덮으셔서 성령 충만한 사람으로 다시 태어 날 수 있도록 도와 주시옵소서. ○○의 지체는 성령님께 충만해지기를 원합니다. 그래서 그 어떤 불의와도 타협하지 않도록 하시고, 주님을 담대히 증거하고 그 어떤 위협도 굴하지 않는 순교의 신앙이 확실하게 지내게 하시옵소서.

교회의사명 교회가 이 땅에 세워져있는 것으로 하나님은 우리의 아버지이심을 선포하심에 감사드립니다. 이로써 세상에 대하여 주님을 주님으로 모신 자의 삶이 되게 하시옵소서. 주님의 거룩하신 이름은 우리를 죄와 멸망으로부터 건지시는 능력임을 전하게 하시옵소서. 사랑하는 권속, 한 사람, 한 사람이 교회가 되어서 자신이 있는 곳에서 예수를 증거 하게 하시옵소서.

예배위원 강단에 세워주신 목사님을 붙잡아 주셔서 진리의 말씀을 준비하신 그대로 선포하게 하시옵소서. 저희들은 그 말씀을 받아 그대로 따르는 삶을 살아드리려 다짐하게 하시옵소서.

하나님을 영화롭게 해드리려는 성가대원들에게 기름을 부어주시옵소서. 그들이 입술을 벌려 찬양을 올려드릴 때, 이 전에 영광이 가득하기를 빕니다. 아름다운 찬양에 성도들도 화답하게 하시며, 온 교회가 성삼위 하나님께 영광을 드리게 하시옵소서.

이 한 시간의 예배에 일꾼으로 선택되니 큰 영광입니다. 봉사하게 된 종들을 거룩하게 하시옵소서. 순서를 섬기는 종들은 예배의 청지기로서 감격과 감사함으로 봉사하게 하시옵소서.

공동체중보 참으로 견디기에 힘이 드는 겨울을 보내게 하셨습니다. 육체적으로 연약한 성도들, 매서운 추위에도 그들의 생명을 지켜 주셔서 겨울을 이겨내게 하시니 감사합니다. 곧 봄이 온다는 입춘을 맞이합니다. 질병의 고통으로 신음하는 이들에게 봄이 주는 희망을 안겨 주시옵소서. 겨울이 지나감처럼 육체의 아픔이 지나가게 하시옵소서. 주님을 의지하여 지내는 중에 은혜를 누리게 하시옵소서.

세상을 향해 하나님께서 보호해 주시는 대한민국, 저희들도 나라를 사랑하게 하시옵소서. 이 나라를 구성하는 모든 이들에게 자신의 역할을 통해서 섬기게 하시옵소서. 군인, 경제인, 근로자, 학생 등 자기들이 살고 있는 곳에서 자신의 의무를 성실히 감당하게 하시옵소서. 하나님께서 주신 자신의 역할로 사회를 지켜 나가게 하시옵소서.

예수님의 이름으로 기도드립니다. 아멘.

2월 4주, 22일

인생을 굽어 살피시는 하나님,

예배-찬양 주일을 복되게 하사, 이 날을 거룩하게 해주셨으니 영광을 받으시옵소서. 저희들의 예배를 받아 주시고, 이 예배를 드린 마음으로 살아가도록 도와주시기 원합니다. 주님의 성령으로 속마음을 더욱 강하게 만들어 주시기 원합니다. 이 예배에서 하나님은 영광을 받으시고, 저희들은 거듭나는 새로움으로 태어나기 원합니다.

회개-용서 예배자로 준비가 되지 못한 저희들에게 회개의 시간에, 회개의 영으로 심령을 만져 주시옵소서. 예수님을 잊고, 자신의 생각에 매달려 지내온 죄를 고백합니다. 예수님의 보혈로 값없이 받은 구원의 감격을 잃어버렸음을 회개하니, 용서해 주시옵소서. 구원의 즐거움을 회복시키시고 자원하는 심령을 주사 붙들어 주시옵소서

오늘의간구 새 봄을 주셔서 감사드립니다. 언제 그칠까 염려하던 추위도 물러가게 하시고, 따뜻한 날이 오고 있습니다. 저희들에게도 다시 기도로 뜨거워지게 하시옵소서. 전도를 위해 눈물로 기도하는 지체들로 말미암아 구원의 열매가 맺히도록 도와주시옵소서. 성령의 역사하심과 저희들의 수고로 교

회가 더욱 든든하게 세워지게 하시옵소서. 그리스도의 향기를 날리는 교회 되게 하시옵소서.

성령님의임재 이 교회를 위하여 세우신 제직을 위해 간구합니다. 하나님이 나라와 교회를 위해서 거룩하게 구별된 이들이니, 저들의 아름다운 봉사를 보면서 성도들이 거룩한 삶에 도전하도록 해주시옵소서. 맡은 자들이 구할 것에 바르게 하시옵소서. 교회에서는 성도들을 잘 대접하고, 교회가 해야 할 일에 먼저 나서도록 하시옵소서.

교회의사명 설을 지켜 민족적인 축제를 누리게 하시니 감사합니다. 명절을 맞이할 때마다 인가귀도 되지 못한 가정들로 안타깝습니다. 그들의 형편에 따라 복을 받게 하시옵소서. 주님께로 돌아오지 못한 식구들을 위해서 기도하는 심령을 위로하시고, '하나님의 때'를 기다리게 하시옵소서. 일가친지와의 축제로 말미암아 대이동을 경험하는 이 민족에게 사고나 재난을 당하지 않도록 보호해 주시옵소서.

예배위원 생명의 복음을 전하기 위하여 목사님께서 단 위에 서셨으니 하나님의 은혜로 구원의 복음을 힘 있게 선포할 수 있도록 이끌어 주시옵소서. 저희들에게는 우둔한 귀를 열어서 듣게 하시옵소서. 생명 진리를 나눔이 풍성한 교회가 되게 하시옵소서.
이 시간의 예배를 영화롭게 하기 위해서 성가대원들을 구별하여 세우셨습니다. 찬양으로 영광이 되기를 소원하게 하시옵소서. 그들은 영과 진리로 입을 벌려 주님의 위대하심을 찬송하게 하시옵소서.

예배를 위하여 존귀한 지체들을 여러 사역에로 세워주셨습니다. 예배의 순서를 맡아서 섬기는 종들에게 은혜를 내려 주시옵소서. 그들의 헌신으로 예배는 더욱 경건해지게 하시옵소서.

공동체중보 주님께서 달려 죽으셨던 십자가에서 우리가 새 생명을 얻게 하셨음에 감사합니다. 주님의 십자가에서 옛 사람의 성품이 예수님과 함께 못 박혔음을 믿게 하시옵소서. 십자가를 바라볼 때, 죽음을 이기고 승리하신 주님께서 저희들에게 들어와 계심을 확신하게 하시옵소서. 교회는 십자가의 공동체에 비전을 두게 하시옵소서.

세상을향해 저희들이 무엇을 하여 주님의 영광을 나타낼 수 있는지 알려 주시옵소서. 저희들에게 예수님을 믿게 하심은 저희를 세상으로 보내려 하심인 줄로 믿습니다. 세상으로 들어가 하나님의 뜻을 이루어 드리는 손과 발이 되게 하시며, 성경의 사람들이 믿음으로 살았던 것처럼 그 길을 잇게 하시옵소서. 하나님의 손길을 따라서 세상에서 청직이로 지내는 복된 삶으로 인도해 주시옵소서.

예수님의 이름으로 기도드립니다. 아멘.

2026년 3월

3월 1주, 1일, 삼일절예배, 주 **- 삼일절,** 목 **- 경칩**

우리나라와 겨레를 위하시는 하나님,

예배-찬양 주일로 정해주신 날에, 각처에서 흩어져 생활하던 이들이 머리를 숙였습니다. 오늘은 주님의 날을 삼일절을 기억하면서 예배하기를 원합니다. 1919년에 이 민족에게 간섭하셨던 하나님의 역사를 찬미하며, 예배를 드리게 하시옵소서. 오늘의 예배를 통해서 우리나라에 있었던 하나님의 다스리심을 선포하게 하시옵소서.

회개-용서 자신의 영광을 구하며 지내왔던 삶을 회개합니다. 예수님을 잊고, 자신의 생각에 매달려 지내왔음을 용서해 주시옵소서. 주님의 보혈로 값없이 받은 구원의 감격을 잃어버렸음을 회개하니, 용서해 주시옵소서. 하나님의 은혜를 늘 기억하겠습니다. 주의 구원의 즐거움을 내게 회복시키시고 자원하는 심령을 주사 붙들어 주시옵소서

오늘의간구 이 땅의 백성은 삼일절 107주년을 맞이합니다. 갇힌 자를 해방시켜 주시는 하나님을 찬양합니다. 압박당하는 자를 위하여 공의로 판단하시는 하나님을 온 세상에 선포합니다. 믿음의 선조들이 일제의 총과 칼 앞에서 조금의 굽힘이 없이 독립운동을 하게 하셨던 것을 기억하게 하시옵소서. 고

아처럼 되었던 이 민족을 구원하시려고 만세를 외치게 하셨던 하나님께 찬양을 드리게 하시옵소서.

성령님의 임재 성령님의 임재로 거룩하게 지내오고 있음에 감사합니다. 하나님의 영에 감동되어서 하나님의 뜻을 구하며 지냄이 감격스럽습니다. 우리교회와 온 교우가 성령님께 충만하고, 성령님의 인도를 받게 하시옵소서. 가정에서는 신령한 교회를 누리고, 교회에서는 거룩한 공동체를 경험하게 하시옵소서. 사랑하는 ○○의 교우들에게, 하늘에 계시는 하나님의 이름을 높여드리게 하시옵소서.

교회의 사명 산제사를 드리는 지금, 저희들에게 여호와의 불을 보여 주시옵소서. 엘리야의 제단에 여호와의 불이 내려와 번제물과 나무와 돌과 흙을 태우고 도랑의 물을 핥았던 것을 보기를 원합니다. 그 불로 저희들의 죄가 태워지고, 그릇된 생각들이 불살라져 변화시켜 주시옵소서. 죄악이 태워진 자리에 은혜의 샘물이 솟아나는 것을 보게 하시옵소서. 회개의 역사를 경험하게 하시옵소서.

예배위원 주님의 교회를 위하여 주의 종을 세워주셨으니 감사합니다. 목사님께 성령으로 충만하게 하시며, 말씀을 전하심에 기름을 부어 주시옵소서. 회중에게는 진리와 생명의 말씀을 듣게 하옵소서.

찬양을 받으시기를 원하시는 하나님께 영광을 드리게 하시옵소서. ○○성가대원들이 아름다운 찬양으로 영광을 드릴 때, 온 성도들에게는 예배하려는 마음이 더욱 간절해지게 하옵소서.
이 한 시간의 예배를 위하여 여러 사람을 여러 직분으로 세우셨음에 영광을 드립니다. 예배가 거룩하게 드려지고, 성도들이 영과 진정으로 임하도록 수종을 드는 종들을 세우셨음에 감사드립니다.

공동체중보 사랑하는 ○○의 권속 중에, 환자들을 위해서 간구합니다. 성령님께서 그들을 찾아가셔서 위로해 주시옵소서. 회복하게 하시는 여호와의 만져주심으로 육체를 구원해 주시옵소서. 병든 이들에게는 싸매어주시는 은혜로 병상에서 일어나게 하시옵소서. 치유의 은총으로 영적인 질서를 세워 가시는 하나님을 경험하며, 살아서 호흡하는 동안에 하나님을 영화롭게 해드리기를 결단하게 하시옵소서.

세상을 향해 저희 인생들에게 구원의 이름을 주신 하나님의 은혜에 감사드립니다. 이 이름을 죽어가는 이들에게 나누어주는 열심을 갖게 해주셨음에 감사드립니다. 저희들이 누리는 구원의 은혜를 불신자들과 나누게 하옵소서. 우상에게 끌려 다니는 무지몽매한 이들에게 생명의 은혜를 나누게 하옵소서.

예수님의 이름으로 기도드립니다. 아멘.

3월 2주, 8일

봄의 향기와 즐거움을 주신 하나님,

예배-찬양 지난 엿새 동안에 저희들을 지키시고, 동행해 주신 하나님, 주일에 모여 하나님의 위대하심에 찬양을 드립니다. 이 넓고 넓은 지구에서 한쪽 끝의 반도인 이 나라를 사랑하셔서, 복음을 듣게 하신 하나님께 찬양을 드립니다. 이 나라 어디를 가나 교회를 볼 수 있고, 교회마다 모여서 예배하는 성도가 있게 하셨습니다. 어디에서든지 하나님을 찬양하는 소리로 하늘을 채워주시옵소서.

회개-용서 여호와께서는 죄를 뉘우치며 고백할 때, 죄악을 깨끗이 벗겨주심을 믿습니다. 불의를 일삼으며 진리에 역행하며 저지른 모든 죄를 용서하여 주심을 믿고 죄를 고백합니다. 말에나 행동에나 불신자들과 어울려서 지냈음을 용서해 주시옵소서. 거룩한 자리에서 주홍같이 붉은 죄가 눈처럼 희게 씻어지는 은혜를 입게 하시옵소서.

오늘의간구 저희들에게 추운 겨울을 지나도록 하시고, 봄을 맞이하게 하십니다. 시간과 세월을 통해서 함께 하시는 하나님의 크고 위대하심에 영광을 드립니다. 주님의 십자가로 저희들의 구원을 이루신 은혜의 하나님께 영광을 드립니다. 이 시간에, 십자가에서 이루어진 구속의 은혜를 감사하면서 예배하는 저희들이 되게 하시옵소서. 십자가에서 이루어진 구속의 은혜를 찬양하게 하시옵소서.

성령님의 임재 영혼을 사랑하여 복음을 들고 나가는 저희들로 삼아 주시옵소서. 복음을 전하는 일에 게을러 영혼을 사랑하지 못하는 교회가 되지 않기를 소원합니다. 불신자들의 영혼이 영원히 버림받는 것을 보고만 있지 않게 하시옵소서. 만일, 복음을 전하지 아니하면 내게 화가 있을 것임 이로라는 말씀을 가슴에 두게 하시옵소서.

교회의 사명 성령님께 충만하심을 입은 저희들, 성령님의 권능으로 복음을 전하게 하시옵소서. 저희들을 주님의 몸으로 주신 ○○교회에서 한 지체로 섬기게 하셨으니, 서로를 섬기되 주님의 몸이 되어서 착한 행실에 열심을 내게 하시옵소서. 이 교회에 속한 지체들이 은혜 안으로 들어가게 하시옵소서. 교회 공동체에서 하나 된 성도들을 섬기는 희락을 저의 기쁨으로 삼게 하시옵소서.

예배위원 하나님의 말씀을 받고 전하는 강단에 기름을 부으심이 넘치기를 원합니다. 저희들에게 하나님의 말씀을 사모하게 하시옵소서. 저희들의 심령이 목이 마른 사슴과 같이 되기를 원합니다. 목사님께서 말씀을 전해주실 때, 생수를 마심이 되게 하시옵소서.

여호와의 영광이 선포되도록 성가대를 세워주셨습니다. ○

○의 공동체에서 노래하는 자로 구별된 이들이 하나님을 예배하는 저희들을 대신하여 찬양하는 역할을 귀하게 감당하게 하시옵소서.

한 시간의 예배에 여러 손길들을 준비해 주셨습니다. 예배를 위해서 강단의 꽃꽂이, 안내-봉사위원, 주방에서의 봉사 등으로 수고하는 지체들을 기억해주시옵소서.

공동체중보 저희들 모두에게 공동체를 이루게 하시고, 병으로 고생을 하는 지체들에 대하여 안타까운 마음을 갖게 하시니 감사드립니다. 여호와께서 우리의 간구를 들으시고, 모든 더러운 질병으로부터 고쳐 주시옵소서. 간절히 원하건대 환우들을 치료하시며 주님의 긍휼로 살려 주옵소서 치유의 역사가 일어나게 하시옵소서.

세상을 향해 ○○교회를 이루는 모든 이들이 한 마음, 예수님의 마음을 품어, 살아가도록 하신 세상으로 들어가게 하시옵소서. 살고 있는 동네에서, 일터가 된 직장에서 사랑과 섬김으로 하나님의 영광을 드러내게 하시옵소서. 공생애로 세상에 계실 때, 세상을 섬겨주신 주님을 본받기를 원합니다. 지역사회를 섬김으로 돌아보게 하시옵소서.

예수님의 이름으로 기도드립니다. 아멘.

3월 3주, 15일, 금 · 춘분

생명의 신비를 보게 하시는 하나님,

예배-찬양 양지 바른 곳에서는 꽃들이 흐드러지게 피고, 고운 향기가 저희들을 즐겁게 하는 주일에, 하나님은 영원히 우리의 아버지가 되시옵소서. 하늘의 만나와 땅의 메추라기로 살던 저희들이 예물을 갖고 나왔습니다. 믿음과 소망, 사랑의 예물을 올려드리게 하시옵소서. 아름답고 거룩한 것으로 여호와를 경배하는 예배가 되게 하시옵소서.

회개-용서 저희를 고아처럼 내버려 두지 않으시려고 성령님께 충만하게 하셨지만 성령님께 무감각하게 지내왔습니다. 용서해 주시옵소서. 주님의 피로 죄 사함을 받고, 저희 자신이 성령님의 임재 안에서 하나님의 거하실 처소가 되는 것을 즐거워하게 하시옵소서. 성령님을 모셔 들이고, 예수 안에서 함께 지어져 가게 하시옵소서.

오늘의 간구 하나님의 자비로 ○○의 지체에게 성도답게 살도록 인도해 주시옵소서. 하나님을 부를 때, 호칭으로 아버지가 아니라 신뢰하면서 지내는 아버지를 경험하게 하시옵소서. 하늘 아버지와의 부요한 관계를 누리게 하시옵소서. 비록 가난하고, 병든 육체를 갖고 살아도, 하늘의 하나님을 바라보게 하시옵소서. 저희 교회에 속한 지체들이 한 결 같이 주님의 뜻대로 사는 종들이 되기를 소망합니다.

<small>성령님의임재</small> 마음의 문을 연 저희들의 심령에 성령님께서 들어오시기 원합니다. 성령님의 충만하심으로 소망의 풍성함에 이르게 해 주시옵소서. 미지근해지는 삶의 자세에 새로움을 주시옵소서. 뜨겁든지, 차던지 성령님의 역사를 보게 하시옵소서. 부활하신 주님께서 주시는 은혜로 강하게 세워주시고, 담대히 나아가게 하시옵소서.

<small>교회의사명</small> 이 백성이 하나님을 두려워하고 순종하게 하시옵소서. 믿는 자들이 나라와 민족을 위하여 기도할 때, 하나님 앞에서 정한 마음을 변하지 않게 하시옵소서. 또한, 눈물로 금식하며 통회하게 하시옵소서. 우상을 숭배하는 일이 죄가 되고 있음을 깨달아 하나님께로 돌아오게 하시옵소서. 생명을 살리시기 위해서 오신 예수님을 구주로 영접하고, 하나님 앞에서 평안을 누리게 하시옵소서.

<small>예배위원</small> 말씀을 대언하실 목사님께서 단에 오르셨으니 성령님으로 말미암는 권능과 말씀을 전하시는 능력을 내려 주시옵소서. 종에게 구원에 이르는 생명의 말씀을 선포하게 하시옵소서. 그 말씀에서 저희들을 위하시는 하나님의 사랑을 확인하게 하시옵소서.

○○성가대가 하나님께 영광이기를 소원합니다. 귀한 지체들이 성탄을 찬양하려 합니다. 그들의 찬양을 통해서 하나

님께는 영광이 드려지고, 사랑하는 교우들에게는 감격이 되게 하시옵소서.

예배와 주일을 위하여 여러 자리에서, 여러 모양으로 섬기는 종들에게도 은혜를 더해 주시옵소서. 저희들의 마음과 입술로 찬양하며 감사를 드리는 예배이기를 원합니다.

공동체중보 저희들 가운데는 원하지 않게 황무지를 만난 경우가 있으니 도와주시옵소서. 저희들이 막막하고, 답답하지만 이 경우를 진보의 기회로 만들도록 하시옵소서. 어려운 일을 당할 때, 담력을 얻게 하심을 믿습니다. 때로는 고통의 황무지, 실패의 황무지, 일터의 황무지가 진보의 기회로 바꾸어지게 하심을 믿고 간구합니다.

세상을 향해 우리교회가 이 땅에서 천국을 예비하기를 원합니다. 저희들의 생명이 이생에서 뿐이 아님에 감사하며 지내기를 원합니다. 천국을 바라보고, 나그네의 길을 감사로 지내게 하시옵소서. 뭇 생명을 천국 백성이 되도록 함에 열심을 내게 하시옵소서. 하나님께서 저희들의 영혼을 찾으시면 우리가 주님께로 가며, 주님의 영화스러운 몸과 같이 되어, 하나님을 찬양하는 소망을 바라보게 하시옵소서.

예수님의 이름으로 기도드립니다. 아멘.

3월 4주, 22일

언약으로 보호해주시는 하나님,

예배-찬양 오늘, 저희들을 향해서 "너희 몸을 하나님이 기뻐하시는 거룩한 산 제물로 드리라."(롬 12:1) 하시니 감사합니다. 하나님께서 구별해주신 ○○의 지체에게 주를 경배하게 하시옵소서. 이 땅에서 살아가는 동안에 긍휼을 베푸시는 여호와를 노래하게 하시옵소서. 하늘 백성이 주의 이름을 노래할 때, 영광 가운데 좌정하시옵소서.

회개-용서 여호와를 가까이 하여 말씀대로 살기를 원하였지만 부끄러운 모습으로 살았음을 고백합니다. 긍휼을 베풀어 주시옵소서. 주님의 영광을 가리는 말을 해왔고, 감정에 따라 행동을 했음을 용서해 주시옵소서. 이웃의 말을 귀담아 듣고, 경청하겠습니다. 모든 지은 죄를 고백하고 뉘우치오니 주님의 보혈로 용서해 주시옵소서.

오늘의간구 저희들의 심령에 갈보리의 십자가를 담아 주시옵소서. 십자가로 주님을 알고, 믿게 되었으니 그 십자가의 신앙으로 영광을 드리게 하시옵소서. 여기에 모인 권속들이, 서로 돌아보고 기쁨으로 섬기면서 하나님 중심, 말씀 중심, 교회 중심적 생활을 힘쓰게 하시옵소서. 그리하여 하나님께 영광을 드리게 하시옵소서. 이로써 주님께서 오실 때까지 하늘나라에 마음을 두고 살게 하시옵소서.

성령님의 임재 주님의 몸 된 저희들은 십자가의 사랑을 받은 사람들이 그 정신으로 살려고 모였으니 이기적인 욕심에 사로잡혀 세속에 물들어 가는 교회가 되지 말게 하시옵소서. ○○교회 성도를 붙드시고, 각자가 은사를 맡은 청지기가 되어 지체적인 사역을 감당하게 하시고, 모두가 하나님의 충실한 일꾼이 되게 하여 주옵소서.

교회의 사명 저희들에게 조국으로 주신 나라, 대한민국을 사랑하게 하시옵소서. 하나님께서 눈동자와 같이 지켜주시는 이 나라를 지키는 저희들이 되게 하시옵소서. 대한민국이 하나님을 기업으로 삼은 나라가 되게 하시옵소서. 곳곳에서 하나님께 찬양을 올려드림이 있게 하시옵소서. 소가 규유를 아는 것처럼 이 나라의 백성이 하나님께로 돌아가 섬기게 하시옵소서. 하나님의 나라로 삼아주시옵소서.

예배위원 하나님의 말씀을 받기 위해서 마음을 모읍니다. 진리와 생명이 되는 말씀을 사모합니다. 목사님을 대언자로 세우셔서 말씀을 전하게 하심을 감사드립니다. 저희들에게 들을 귀를 주셔서 생명에 이르는 진리의 말씀을 받아먹음이 경함되게 하시옵소서.

저희 교회를 영화롭게 하셔서 ○○성가대를 세워주셨습니다. 성가대원으로 세움을 받은 지체들, 오늘도 그들이 마음과 몸을 드려 찬양할 때, 하나님의 은혜를 체험하는 복된 자리로 인도해 주시옵소서.

이 예배에 사탄이 역사하지 않게 하시고, 하나님의 영광을 훼방하는 세력들은 물리쳐 주시옵소서. 전 성도가 마음을 같이 오직 하나님께의 영광을 구하게 하시옵소서.

공동체중보 오늘도 하나님께서 불쌍히 여겨주심을 원하면서 저희들의 마음을 안타깝게 하는 환자들을 위하여 간구합니다. 질병에 걸려서 고통 중에 있는 지체들과 노환으로 힘든 시간을 보내고 있는 어르신들에게 치유의 은혜를 내려 주시옵소서. 성령님께서 그들 각자를 어루만져 주시고, 아픔을 고쳐 주시는 은혜를 보게 하시옵소서.

세상을 향해 인류를 사랑하시는 하나님의 마음을 저희들의 가슴에 담게 하시니 감사합니다. 저희들을 이 땅에서 태어나게 하심은 조국에 대한 빚진 자의 사명을 주심이라 깨닫습니다. 이 땅 어디에서라도 복음을 듣지 못하여 구원에 이르지 못할 사람이 없게 하시는 하나님의 마음을 주시옵소서. 세상을 향해서 복음을 나누는 교회, 전도를 위하여 기도하며 헌금으로 후원하게 하시옵소서.

예수님의 이름으로 기도드립니다. 아멘.

3월 5주, 29일, 종려주일

인자하심이 영원하신 하나님,

예배-찬양 거룩한 날로 구별해주신 오늘, 종려주일로 지키며 예배하려 합니다. 주님께서 속죄의 제물이 되시려고 예루살렘으로 들어오신 이날을 기리며 예배하게 하시옵소서. 저희들은 예배하면서 주님을 제물로 준비해 주신 하나님께 영광을 드리게 하시옵소서. 우리를 위하여 아들을 내어주신 그 큰 은혜에 찬미를 드리게 하시옵소서.

회개-용서 주님의 고난을 묵상할 때, 회개의 은혜를 주시며, 회개하도록 감동을 주시니 감사를 드립니다. 주의 사랑, 그 용서, 그 거룩한 은총을 생각하며 감사 감격한 중에 잃어버린 진실을 찾게 하시옵소서. 종려주일과 고난주간에, 예수님을 닮아 가는 삶이 되게 하시고, 연약함을 만날 때마다 하나님께 기도하도록 하시옵소서.

오늘의 간구 오늘, 종려주일을 지키면서 주님께서 남겨주신 거룩한 시간을 묵상하게 하시옵소서. 주님의 뜻을 따르는 삶의 은총을 사모하는 지체들을 축복합니다. ○○ 교회와 이 거룩한 공동체에 속한 지체들이 호산나로 오신 주님의 복을 누리게 하시옵소서. 구원하시는 주님의 사랑을 받아 형통한 날들을 보내게 하시옵소서. 주님께서 베푸시는 은혜로 승리의 삶을 살아가도록 다짐하게 하시옵소서.

성령님의임재 성령님께서 주신 감격에 따라 갈보리 언덕의 십자가에서 이루어진 주님의 새 생명을 받게 하셨음에 감사합니다. ○○의 권속들, 십자가로 말미암아 주님의 죽으심에 연합하고, 주님의 부활에 연합하여 새 생명을 가졌음에 감사합니다. 하나님께서 예수님을 살리셨으니 하나님 앞에서 산 자가 되었음을 확신하게 하시옵소서.

교회의사명 나라를 위하여 간구하게 하시니 감사합니다. 우리나라를 사랑해 주시고, 이 땅의 백성을 지켜 주시옵소서. 하나님의 자녀가 된 저희들에게 기도하는 애국의 마음을 갖게 하시옵소서. 이 나라와 백성이 하나님을 즐거워하고, 여호와의 인도하심을 소망하게 하시옵소서. 우리 민족이 하나님께 선택이 된 백성이 되어, 우상을 숭배하는 일을 버리고 하나님께로 돌아오게 하시옵소서.

예배위원 이제, ○○의 지체들이 마음을 겸손히 하여 하나님의 말씀을 기다립니다. 저희들에게 말씀을 대언하실 목사님께서 단에 오르셨으니 생명의 말씀을 선포하게 하시옵소서. 그 말씀을 간절한 마음으로 받아 영의 양식으로 삼아 배부르게 하시옵소서.

예배를 아름답게 하는 ○○성가대의 귀한 지체들의 찬양을 받아주시옵소서. 이들의 찬양을 통해서 하나님께는 영광이 드려지고, 혹시 찬송의 힘을 잃은 회중들은 힘을 얻기를 원합니다.

지금, 저희들이 예배하는 동안에 예배당의 안팎에서 봉사하는 종들이 있음에 감사드립니다. 그들을 세우셨으니, 영광을 받으시옵소서. 귀한 지체들의 섬김으로 그들 자신에게도 은총을 입게 하시옵소서.

공동체중보 이제, 바라기는 주님의 피로 저희들의 가슴이 적셔지기를 원합니다. ○○에 속한 지체들의 가정마다, 개인마다 예수님을 구주로 섬기며 지내는 경험이 풍성하게 하시옵소서. 저희들의 심령에 하나님의 말씀을 두게 하시옵소서. 하나님께서 주시는 지혜를 소중히 여기게 하시옵소서. 그 지혜를 통하여 주시는 하나님의 크고 놀라운 복을 다 같이 누리게 하시옵소서.

세상을향해 복음을 위하여 모든 성도들이 헌신하게 하시옵소서. 하나님을 두려워할 줄 아는 백성들이 되게 하시옵소서. 예배를 드림으로써 새로운 힘을 얻어 한 주간 살아갈 때, 가정과 사회와 나라를 새롭게 할 수 있는 성도가 되게 하시옵소서. 그리스도의 빛이 되어 이 사회 구석구석에서 빛의 사명을 감당할 수 있기를 원합니다.

예수님의 이름으로 기도드립니다. 아멘.

4월 1주, 5일, 부활절, 주 - 식목일

주님을 죽음에서 살려주신 하나님,

예배-찬양 부활절 아침, 무덤을 깨뜨리신 주님의 영광에 무릎을 꿇습니다. 주님의 십자가를 생각하면서 지내는 동안에 모든 육체에게 먹을 것을 주셨으니 감사합니다. 주님의 은혜로 모자람을 모르고 지냈습니다. ○○의 권속은 죽음의 권세를 물리치시고 이기사 영생을 선물로 주신 은총에, 감사드리며 예배에로 나아가게 하시옵소서.

회개-용서 십자가로 말미암은 구원의 진리에 민감하지 못한 죄를 회개합니다. 자기 백성에게 베푸시는 은혜가 풍성하심에도 그 사랑에 민감하지 못하고, 아직 가지지 못한 것들에만 눈을 고정시킨 죄를 고백합니다. 주님의 부활로 영생을 주시고, 저희들에게 넉넉하게 채워주시며, 부요하게 하셨음을 잊은 죄를 회개하니 용서해 주시옵소서.

오늘의 간구 "부활로 우리를 구하신 예수, 다시 오시리 영광의 그 날." 다시 사신 주님을 믿어 천국을 소망하게 하심에 감사드립니다. 부활의 영광을 찬송하면서 예배할 때, 영안이 열려 하늘을 보기 원합니다. 스데반이 돌에 맞아 죽을 때 하늘을 바라보는 눈이 열리게 하셨던 은혜로 저희들에게도 하늘을 보는 눈이 열리게 하시옵소서. 이로써 주님께서 죽음을 이기셨음에 산 증인 되게 하시옵소서.

성령님의임재 만물이 하나님을 예배하는 이 시간에, 주님의 이름으로 모였습니다. 성령님께서 재촉해 주심에 따라 주님의 크신 이름을 높여드리게 하시옵소서. 여기에 모인 저희들을 주님의 백성으로 삼으셨으니 성령님의 인침으로 영광을 받아주시옵소서. 그 크신 팔로 감싸 안아 주시는 은혜를 기억할 때, 영광을 받아주시옵소서.

교회의사명 자기 백성을 찾으시는 하나님 앞에 나와서 머리를 숙인 지체에게 하늘의 문을 열어주시옵소서. 주님의 교회가 세상을 향해서, 우리의 이웃을 향해서 부활의 영광을 선포하게 하시옵소서. 주님께서 죽음을 이기셨음을 세상에 증거 하게 하시옵소서. 성령님께서 임재하사, 예배가 진행되는 동안에, 빈 무덤을 경험하게 하시고, 주님의 부활이 주는 메시지, 그 신바함을 세상에 전하게 하시옵소서.

예배위원 말씀의 강단에 기름을 부어 주시옵소서. 강단에 세워주신 목사님을 붙잡아 주셔서 주님께서 세상을 이기신 진리의 말씀을 준비하신 그대로 선포하게 하시옵소서. 말씀으로 말미암아 주시는 은혜를 체험하고 다짐하는 귀한 시간이 되게 하시옵소서.

오늘도 주님을 영화롭게 해드리는 ○○성가대를 세우셨으니, 주님의 부활을 확신하는 신앙고백으로 예배하는 지금,

한 마음으로 부활절의 영광과 영원한 생명에 대한 소망을 찬양하게 하시옵소서.

예배를 위하여 여러 모양으로 섬기는 일꾼들이 성령님의 감화로 섬기도록 은혜를 더하시옵소서. 봉사하는 손길에 복을 내려주시옵소서. 귀한 지체의 섬김으로 예배가 더욱 영화롭게 진행되게 하시옵소서.

<small>공동체중보</small> 저희들에게 성도의 교제를 주시고, 교우를 위하게 하시니 감사합니다. 성령님의 강한 기름 부으심이 임하여 우리를 괴롭히고 있는 질병에서 고침을 받게 하시옵소서. 사랑하는 지체들이 병으로 말미암아 시달리고, 육체가 연약해져 낙심될 때, 여호와께서 그들을 병상에서 붙드시고, 그들이 누워 있을 때마다 병을 고쳐 주시옵소서. 다음 주일에는 우리와 한 자리에 앉아 예배하게 하시옵소서.

<small>세상을 향해</small> 우리 사회와 이 나라를 하나님께 올려 드립니다. 오늘부터 이 땅에서 살아가는 이들이 하나님의 은혜를 새롭게 받아들이게 하시옵소서. 비록 크고 강한 민족은 아니지만, 여호와의 사랑을 입고, 하나님이 우리의 편이 되어주셨음을 기뻐하게 하시옵소서. 이 민족의 가슴마다에 하나님에의 사랑으로 뜨거워지게 하시옵소서.

예수님의 이름으로 기도드립니다. 아멘.

4월 2주, 12일

십자가를 바라보게 하시는 하나님,

예배-찬양 하나님의 집을 그리워하여 이 날을 기다렸던 주의 자녀들에게, 교회에 모여, 여호와를 즐거워하게 하시옵소서. 하나님께서 예배를 받으시는 날에, 오직 여호와를 송축하게 하시옵소서. 하나님을 예배하러 모인 지체들이 그 거룩한 이름을 송축하게 하시옵소서. 이 한 시간의 예배에서 즐거운 소리로 공교히 연주하게 하시옵소서.

회개-용서 부끄럽습니다. 하나님의 거룩하심으로, 저희들도 거룩해야 하였건만 자신을 지켜 거룩하지 못하였음을 회개합니다. 십자가의 진리를 귀하게 여기지 않은 죄를 용서해 주시고, 성결하지 못한 유혹에 자주 넘어졌음을 용서하시옵소서. 하나님 앞에서 순결해지겠습니다. 하나님의 뜻은 거룩함이라는 사실을 잊지 않게 하시옵소서.

오늘의간구 하나님께서는 영광을 선포하고, 주님의 부활을 기뻐하면서 예배하기 위해 모인 권속을 축복합니다. 죄와 죽음을 물리치시고, 다시 사심으로써 저희들을 억누르고 있는 절망을 거두어주신 예수님을 즐거워하게 하시옵소서. 이 땅에, 아무리 어둠이 심하고, 저희들에게 희망이 보이지 않는다 해도, 영생의 증인들이 되어서, 전혀 낙심하지 않게 해 주셨음에 소망 중에 주님을 바라봅니다.

성령님의 임재 저희들에게 이제는 죽어가는 영혼을 살려내기 위한 일을 자신의 것으로 삼기 위해서 구체적으로 노력하게 하시옵소서. 교회 밖의 사람들에게 결코 죽지 않으며 영생의 사람을 누리도록 하는 복음을 전하게 하시며, 몇 명의 영혼을 주님께로 인도할지의 목표를 세우게 하시옵소서. ○○의 권속이 복음의 전파를 위해서 내가 드려야 할 것은 무엇인지를 깨달아 바치게 하시옵소서.

교회의 사명 ○○의 공동체에 성령의 바람을 보내주시옵소서. 저희들 각 사람이 부활하신 주님의 영으로 자기의 심령을 채우고자 간절하게 해주시옵소서. 부활하신 주님께서 주시는 은혜로 강하게 세워주시고, 담대하게 하시옵소서. 예루살렘으로 돌아갔던, 가슴이 뜨거웠던 엠마오 길의 두 청년이 바로 저희들이기를 결단합니다.

예배위원 하나님의 말씀을 대언하시는 목사님을 성령의 권능으로 붙들어 주시옵소서. 하늘의 역사가 펼쳐질 수 있는 강단이 되게 하시옵소서. 귀한 은혜의 시간이 되게 하여 주시옵소서. 말씀 앞으로 나온 교우들에게 영생의 복음을 경험하게 하시옵소서.
성가대의 귀한 직분을 감당하는 성가대원들 위에 함께 하사 크신 은혜로 하나님의 성호를 찬양할 때, 더욱 공교히 찬양할 수 있게 하시옵소서. 저희의 찬양으로 하늘 문을 여시고 영광을 받아주시옵소서.

예배를 위해서 몸을 드리는 봉사자들을 귀하게 쓰임을 받는 종으로 삼아 주시옵소서. 그들의 수고를 받아주시고, 복을 내려 주시옵소서. 이 시간의 예배로 하나님의 나라에 이름을 누리게 하시옵소서.

공동체중보 오늘, 오직 유일하신 참 하나님만을 올바르게 인정해 드리고, 신뢰하게 하시옵소서. 예배하는 중에, 저희들에게 우상을 숭배하지 않겠다는 결단의 은혜를 경험하게 하시옵소서. 하나님으로 부족해서 무엇을 마음에 새기지 않게 하시옵소서. 우리 자신의 유익을 위해서 어떠한 형태로든 하나님의 형상을 만들지 않게 하시옵소서.

세상을 향해 뭇 영혼을 사랑하시는 하나님의 자비를 세상에 보여주게 하시옵소서. 우리 교회의 공동체는 주님만을 높이고 공경하며, 온유한 마음으로 주님만을 섬기게 하시옵소서. 언제나 주님만 바라보고, 세상의 의로운 것, 긍정적인 것만 바라보게 하시옵소서. 성령님의 감동으로 형성된 신앙의 사람을 이웃에게로 나누게 하시옵소서. 이로써 '신행일치'의 복을 누리게 하시옵소서.

예수님의 이름으로 기도드립니다. 아멘.

4월 3주, 19일

천국에 소망을 두게 하신 하나님

예배-찬양 하나님을 기뻐하고 즐거워하는 ○○의 지체, 주님께서 거룩하다고 하신 날에, 여호와의 이름으로 나아갑니다. 이른 아침부터 성소에 모인 저희들에게 지존하신 주의 이름을 찬송하게 하시옵소서. 여호와를 두려워하는 백성이 입을 벌려 찬송하게 하시옵소서. 하나님을 사모하며, 경외하는 저희들에게서 영광을 취하시옵소서.

회개-용서 여호와를 가까이 하여 말씀대로 살기를 원하였지만 탐욕을 거절하지 못하고 지냈음을 고백합니다. 긍휼을 베풀어 주시옵소서. 하나님의 자녀가 되었으니, 그리스도의 향기를 전해야 하였음에도 저주 아래에 있었던 악의 냄새를 풍겨 왔습니다. 용서해 주시옵소서. 빛의 자녀가 아니라 어둠의 자녀로 지내온 것 회개합니다.

오늘의간구 장애인 주일을 정하시고, 이 날에 받으셔야 될 영광을 기다리시는 하나님을 예배하는 저희들이기를 원합니다. 오늘, 저희들이 장애인 주일을 지키는 것이 여호와를 기쁘시게 해드리는 행실이기를 빕니다. 저희들과 함께 장애우들이 살아가도록 하신 하나님이십니다. 늘 그들을 생각하게 하시며, 저희들에게 그들을 위하여 기도를 놓지 않게 하신 하나님을 기억하게 하시옵소서.

성령님의 임재 임마누엘의 복을 주셨음에 감사를 드립니다. 성령님의 깨닫게 하시는 은혜로 말씀의 진리를 풍성하게 얻게 하시옵소서. 그 진리로 말미암아 기도의 무릎을 꿇게 하시며, 기도를 통해서 하나님의 일을 이루어 드리도록 인도해 주시옵소서. 온 성도들이 주님의 뜻을 이루기 위해 기도의 무릎을 꿇게 하시옵소서. 세상에 사는 날 동안에 하나님의 일꾼으로서 살기를 결단하게 하시옵소서.

교회의 사명 ○○교회에 생명을 구원하는 일에 신앙의 우선순위를 두게 하시옵소서. 우리를 사랑하시는 주님을 전하는 공동체가 되게 하옵소서. 복음의 빚진 자가 된 교회가 생명을 살리는 복된 소식을 세상에 드러내며 하나님의 뜻을 이루어 드리게 하옵소서. 세상을 위하여 몸을 내어주셨던 공동체가 되기를 소망하게 하시옵소서.

예배위원 목사님을 붙드셔서 ○○교회의 권속에게 하나님의 말씀을 전하게 하시옵소서. 그 말씀으로 심령을 새롭게 하여 거룩하심으로 옷을 입혀 주시기를 바라는 결단이 되게 하시옵소서.

우리 교회에 성가대를 세워주셔서 찬양으로 하나님을 영화롭게 해드리고 있음을 감사합니다. ○○성가대원들이 몸을 드려 준비한 찬양이 이 자리를 하나님의 영광으로 가득하게 하시옵소서.

예배하는 동안에 예배당의 안팎에서 몸을 다 드려서 섬기는 이들에게 기름을 부어 주시옵소서. 봉사자로 세워졌음에 감격하여 섬기게 하시옵소서. 사랑의 수고를 즐거워하며, 그들을 축복합니다.

공동체중보 하나님의 우리를 위하심은 강건하게 지내는 것인 줄로 깨닫습니다. 그러나 안타깝게도 환우들이 있습니다. 주님께서 병든 자에게 사랑의 손을 내미셨던 은혜를 구합니다. 주님께서 병든 자들을 불쌍히 여기셨을 때, 고침을 받았던 이들의 역사가 질병으로 고통에 처해있던 이들의 것이 되게 하시옵소서. 신체의 각 일부가 떨어져나가는 것같이 아픈 고통을 완화시켜 주시옵소서.

세상을 향해 인류를 사랑하시는 하나님의 마음을 저희들의 가슴에 담게 하시니 감사합니다. 저희들을 이 땅에서 태어나게 하심은 조국에 대한 빚진 자의 사명을 주심이라 깨닫습니다. 이 땅 어디에서라도 복음을 듣지 못하여 구원에 이르지 못할 사람이 없게 하시는 하나님의 마음을 주시옵소서. 이웃을 사랑하게 하시는 하나님께 찬양을 드립니다. 우리 교회는 세상으로 보내어 지게 하시옵소서.

예수님의 이름으로 기도드립니다. 아멘.

4월 4주, 26일

신들 중에 뛰어나신 하나님,

예배-찬양 주를 기뻐하고 즐거워하는 지체들이 나아갑니다. 성소에 모인 저희들에게 지존하신 주의 이름을 찬송하게 하시옵소서. 여호와를 두려워하는 백성들로 입을 벌려 찬송하게 하시옵소서. 하나님을 사모하며, 경외하는 저희들에게서 영광을 취하시옵소서. 영과 진리로 예배할 때, 여호와의 이름에 합당한 영광을 돌리게 하시옵소서.

회개-용서 애통함의 은총을 내려 주시옵소서. 사유하시기를 원하시는 하나님께 죄악을 찾아내어 낱낱이 자복하게 하시옵소서. 오직 저희를 대하여 오래 참으시는 하나님의 사랑에 감사드립니다. 이 시간에 저희들의 죄를 자복할 때, 아무도 멸망치 않고 다 회개하기에 이르기를 원하심을 믿습니다. 사유하시는 은혜로 깨끗케 하시옵소서.

오늘의간구 주님께서는 내가 죽어야 할 저주의 죽음을 대신 죽어 주셨습니다. 그리고 내가 살아야 할 영원한 부활의 삶을 대신 먼저 사셨습니다. 이로써 주님께 붙어 있는 사람은 죽어도 죽지 않고, 다시 살게 하셨으니 영광을 드리게 하시옵소서. 저희들의 심령을 성령님으로 충만하게 채워 주셔서, 부활의 증인으로 지내게 하시옵소서.

_{성령님의임재} 직분, 하나님의 거룩한 교회를 위해 직분자들을 따로 구별하셨음에 감사드립니다. 많은 이들 중에, 교회의 영광을 위해서 수고할 일꾼으로 부름을 받았으니 충성하게 하시옵소서. 하늘의 하나님께, 이 땅에서 살아가는 모든 자들을 사랑으로 섬기게 하시옵소서. 하나님 앞에서 착하고 믿음과 성령님께 충만하여 열매를 많이 맺는 직분자들이 되도록 도와주시옵소서.

_{교회의사명} 지금 우리 사회는 전쟁 중입니다. 북한과의 위험한 관계만이 아니라, 온 국민이 누구와 또는 무엇과의 전쟁을 치르고 있는 듯합니다. 여당과 야당의 정치권은 말할 것도 없고, 노사관계에서도 다툼이 없는 날이 오히려 이상하게 여겨지는 현실이 되었습니다. 교육의 현장에서도 편이 갈라져 있고, 사회 곳곳에서 서로가 '네가 문제가 있다'고 삿대질입니다. 이 사회를 다스려 주시옵소서.

_{예배위원} 하늘 생명에 이르는 말씀을 사모합니다. 진리의 말씀을 베풀기에 부족함이 없도록 목사님을 강건케 해주시옵소서. 진리가 주는 복된 생활을 사모하는 말씀을 듣게 하시옵소서. 들을 귀가 있음을 경험하면서, 주님의 말씀이 언제나 심령에 머무르기를 원합니다.

거룩하게 구별해서 세워주신 성가대, 그들 위에 은총을 더하셔서 더욱 공교히 주님을 찬양하도록 축복하여 주시옵소

서. 열심히 준비한 성가대원의 찬양에 하늘의 천군과 천사가 화답하게 하시옵소서.

예배의 인도를 위하여 부름을 받은 사역자들이 겸손한 마음으로 헌신하게 하시옵소서. 이 시간에, 일꾼으로 선택이 되어, 여러 자리에서 봉사하는 종들에게 은혜를 내려 주시옵소서.

공동체중보 간절히 바라기는 우리 교회의 공동체가 세상적인 유혹과 사탄의 시험에 빠지지 않도록 은혜를 주시옵소서. 우리의 삶을 유익하게 하는 문화적인 것들이 오염되어 갑니다. 인터넷으로 말미암아 우리의 심령을 더럽게 하는 것들이 범람하는 이때, 거룩함이 훼손되지 않도록 강하게 붙들어 주시옵소서. 주님의 십자가를 더욱 굳게 붙들어 세상을 이기고, 마귀의 유혹도 물리치게 하시옵소서.

세상을 향해 사랑하는 교우들이 하나님께서 주신 시간을 아껴 살게 하시고, 성령님의 열매를 맺는데 사용하게 하심을 즐거워합니다. 오직 착한 행실을 통해서 주님을 영화롭게 해드리기를 사모하게 하시옵소서. 주님의 말씀에 순종하여 하나님을 사랑하고, 이웃을 사랑하는 일에 힘을 써 하나님의 영광이 드러내는 삶을 살게 하시옵소서.

예수님의 이름으로 기도드립니다. 아멘.

5월 1주, 3일, 어린이주일, 화 - 어린이날, 입하

2026년
5월

5월의 첫째 주일을 열어주신 하나님,

예배-찬양 5월의 첫 주일, 어린이주일로 오늘을 지키게 하시니 감사합니다. 오늘을 지키면서 천국의 주인인 어린이들을 새로 보게 하시옵소서. 거룩한 자리에서 영원토록 찬송을 드리게 하시옵소서. 저희들에게 경건함과 거룩함으로 예배하게 하시옵소서. 생각과 마음을 모아서 여호와를 공경함으로써 예배하는 저희들이 되게 하시옵소서.

회개-용서 각 사람이 행한 대로 심판하실 하나님을 두려워하기를 원합니다. 지난 한 주간 동안에도 주님을 기쁘시게 못하고, 육신을 위하여 이기적인 욕망과 많은 죄악에서 살아 왔습니다. 저지른 죄를 기억하여 회개하게 하시며, 저희들의 회개를 들어주시고 용서해 주시옵소서. 십자가 아래로 나아가니 보혈의 은총을 입게 하시옵소서.

오늘의간구 어린이주일을 지키도록 하신 하나님께 영광을 드리게 하시옵소서. 어린이들을 보셨던 주님의 눈을 주시옵소서. 저희들, 하나님 앞에서는 늘 어린 아이가 되게 하시옵소서. 주님의 만져 주심을 바라서 달려오기를 좋아하였던 어린이의 마음으로 저희의 가슴을 채워 주시옵소서. 바르지 못한 거짓으로 자신을 꾸미지 않는 어린이만의 순진함으로 하나님 앞에서 지내게 하시옵소서.

성령님의 임재 ○○의 권속을 사랑하셔서 광야와 같은 세상에 버려두지 않으신 하나님께 찬양과 영광을 드립니다. 예배하는 중에, 성령님의 충만하신 임재 안에서 저희들을 사랑하신 그 사랑으로 서로 사랑하려는 결단을 하게 하시옵소서. 이로써 주님께서 우리를 사랑해주신 것처럼 서로 사랑하라는 말씀을 달게 받게 하시옵소서.

교회의 사명 주님을 사랑하려는 저희들이 여기에 모였습니다. 주님의 교회가 지금, 맡겨주신 사명을 감당해 내기를 원합니다. 이 시간에, 저희들의 가슴에 주님을 사랑하고픈 마음으로 가득 차게 하옵소서. 오직 하나님을 사랑하고, 주님 안에서만 만족하는 마음을 갖게 하시옵소서. 여호와께 존귀한 저희들, 하나님의 거룩하심을 사모하며, 주님을 영화롭게 해드리게 하시옵소서.

예배위원 예배하는 자리에 기름 부으심이 충만하기를 기원합니다. 예배를 인도하시며, 말씀을 전하시는 목사님께 성령님께서 더욱 갑절로 함께 하시옵소서. 하나님의 말씀이 대언될 때, 저희로 하나님의 사람이 되기를 결단할 수 있는 믿음을 허락하시옵소서.
예배를 위하여 찬양을 드리는 성가대 위에 함께 하시옵소서. 성가대원들의 찬양은 천군과 천사의 음악소리이기를 빕니다. 찬양을 받아주시며, 저희들 모두에게 은혜를 누리는 찬양 되게 하시옵소서.

이 시간에, 예배를 위하여 여러 모양으로 섬기는 일꾼들을 축복합니다. 그들 자신이 하나님 앞에서 교회가 되어 봉사하려 하오니 성령님께서 이끄시며, 섬길 수 있도록 은혜를 더해주시옵소서.

공동체중보 사랑하는 교우들 중에, 병상에 누워서 신음하거나 질병으로 슬픔에 빠져 있는 지체를 위하여 하나님의 자비를 구합니다. 예수님께서 병든 자들을 고쳐 주셨던 것처럼 저희들을 불쌍히 여겨 주시옵소서. 주님만이 구원이 되심을 믿고 의지하는 손길들에게 주님의 선하신 뜻을 보여 주시옵소서.

세상을 향해 이 땅의 문화를 주님의 피로 적셔지게 하시옵소서. 영화, 미술, 음악을 비롯한 모든 문화 예술인들이 이 땅의 문화에서 하나님을 영화롭게 해드리려는 심령을 지니게 하시옵소서. 창조적인 지혜와 영감을 주시어 하나님의 아름다우심을 잘 나타내게 하시옵소서. 이들의 활동을 통하여 우리 사회에 정신적 풍성함과 아름다움과 소망을 가져오게 하시옵소서.

예수님의 이름으로 기도드립니다. 아멘.

5월 2주, 10일, 부모님주일

가족을 거룩하게 하시는 하나님,

예배-찬양 예배하는 날로 주신 오늘, 하나님께 구별해 드리기를 원합니다. 인생의 소망이시며, 늘 방패가 되어 주심에 찬송을 드립니다. ○○의 지체가 주님의 집에서 새 생명을 주신 여호와를 예배할 때, 신령과 진정으로 예배하게 하시옵소서. 구원의 하나님께 예배드림이 마음을 다하고, 뜻을 다하는 생명의 축제가 되게 하시옵소서.

회개-용서 부모님을 공경하고, 섬기기를 소홀히 한 죄를 회개합니다. 자녀들에게는 아낌이 없는 마음으로 돈을 쓰면서도 연로하신 부모님을 섬기는 데는 인색하였음을 용서해 주시옵소서. 부모님을 공경하겠다고 하면서도 실제 그러하지 못한 것을 회개합니다. 아비에게 청종하고, 어미를 경히 여기지 말라는 말씀으로 지내도록 하시옵소서.

오늘의간구 하나님께서는 우리를 친히 돌보시려고 누구나 부모에 의해 자라게 하셨습니다. 부모님의 모습이 저희들에게 새롭게 보여 지기를 원합니다. 부모를 즐겁게 하며 어미를 기쁘게 하게 하시옵소서. 세상에 태어난 저희들이 만날 수 있는 사람들 중에 이처럼 훌륭하신 아버지와 어머니를 부모님으로 주신 하나님의 은혜를 찬양합니다. 저희를 사랑하셔서 복된 만남을 주신 하나님께 감사드립니다.

성령님의임재 하나님의 은혜로 생명의 복음을 듣고, 예수님을 믿으며 살고 있습니다. 이 은혜에 빚진 자가 되었으니 저희들을 복음을 전하는 전도자로 세워 주시옵소서. 복음을 듣고 싶어도 들을 수 없는 이들에게 전하게 하시옵소서. 하나님의 구원하심을 선포하기 위해서 저희들에게 있는 것을 아낌없이 드리기를 소망합니다. 한 생명이라도 더 구원하기 위해서 몸이라도 내어놓는 은혜를 주시옵소서.

교회의사명 사랑하는 교우들, 예배에 모여서 한 몸으로 하나님께 나아가기를 원합니다. 저희들이 지체가 되어, 거룩하신 주님을 찬양하게 하시며, 천사들도 흠모할 찬양을 드리게 하시옵소서. 예배의 흐름에서 서로를 섬기는 한 몸, 하나님 앞에서의 공동체를 이루게 하시옵소서. 저희들은 육신의 몸으로는 각각 이지만 영과 진리로 마음을 드려 한 몸을 고백하며, 하나님을 높이도록 하시옵소서.

예배위원 오늘, ○○의 강단에서 하나님의 말씀이 온전히 선포되게 하시옵소서. 하나님의 말씀을 받는 성도들의 마음과 마음에 새 생명을 주시옵소서. 강단에서 떨어지는 말씀이 생명의 양식이 되어, 저희들에게 힘이 되게 하시옵소서. 그리하여 지체들의 영혼이 되살아나서 교회 안에 사랑과 기쁨과 찬송이 넘치게 하시옵소서.

○○성가대의 찬송으로 하나님의 영광이 예배당 안에 가득하게 하시고, 회중은 그 은혜로 하나님께 더욱 가까이 나아가도록 하시옵소서.

오늘도 하나님께서 받으실 만한 예배가 되기 위해서 예배위원들로 하여금 봉사하도록 하셨으니 감사드립니다.

_{공동체중보} 교회가 활성화되어 부흥케 하시고, 성결운동으로 세상에 본이 되게 하여 주시기를 원합니다. 영혼구령을 위해 세우신 주의 교회를 기억하게 하시옵소서. 지체마다 하나님의 말씀으로 충만케 하시고, 그들이 개인적으로, 또는 교회 안에서 기도로 하늘 문이 열림을 누리게 하시옵소서. 헌신으로 주님께 인정받게 하시옵소서.

_{세상을 향해} 오늘, 저희들에게 세상으로 파송된 주님의 사람이 되게 하시옵소서. 주님의 십자가에서 새 생명의 증인이 되게 하셨음에 감사드립니다. 이제, 피보다도 더 붉은 그 십자가의 생명으로 소망 없이 죽는 이들처럼 두려워하거나 슬퍼하지 않게 하셨음을 기억하게 하시옵소서. 비록, 우리의 몸이 병들더라도, 죽음의 그림자가 다가오더라도 소망 없는 자들처럼 두려워하지 않게 하시옵소서.

예수님의 이름으로 기도드립니다. 아멘.

5월 3주, 17일, 목 - 소만

형제가 연합하게 하시는 하나님,

예배-찬양 거룩한 시간, 주님의 날을 지키도록 하시니 감사합니다. 주님의 교회 안에서 천국 백성의 언약에 들어갔음을 즐거워하는 지체들, 성삼위 하나님께 예배하러 나아옵니다. 영광을 받으시기에 마땅한 여호와께 겸손한 마음으로 예배하게 하시옵소서. 부활의 첫 열매가 되신 주님을 바라보며 크신 왕을 경배하게 하시옵소서.

회개-용서 자기의 죄를 숨기는 자는 형통하지 못하나 죄를 자복하고 버리는 자는 불쌍히 여김을 받으리라 하신 말씀을 기억합니다. 십자가에서 흘려진 보혈로 저희들의 죄를 깨끗케 해주시옵소서. 저희들이 하나님의 부르심에 합당한 삶을 살아드리지 못한 연약함을 용서해 주시옵소서. 하나님을 기쁘게 해드리는 사람이 되게 하시옵소서.

오늘의 간구 저희들에게 가정에서 지내게 하시고, 부모를 섬기도록 하심에 찬양을 드립니다. 아이들은 무럭무럭 자라고, 저희들은 가족의 기쁨을 누리고 있으니 감사하게 하시옵소서. 주님의 백성들이 이 달에는 가족들과 함께 하며 감사로 영광을 드리기 원합니다. 부부가 서로를 대할 때, 감사하게 하시고, 자녀들을 자라게 해주심에 감사하게 하시옵소서. 가족을 귀중히 여김으로 충만하게 하시옵소서.

성령님의임재 병들고 허약해진 마음을 강하게 붙들어 주시고, 우울하고 약한 심령에 오셔서 기쁨을 주시고 힘이 되어 주시옵소서. 야베스처럼 복에 복을 더 하사 지경을 넓혀달라고 간구하는 기도를 들으시고, 응답해 주시옵소서. 또한, 주님의 은혜로 말미암아 근심이 없게도 하시고, 근심이 될 만한 유혹에 넘어가지 않게 하시옵소서.

교회의사명 사람들마다 자기들의 소견대로 행하는 모습을 봅니다. 이 민족의 가슴에 그리스도의 계절이 오게 하시옵소서. 십자가에서 흘리신 예수님의 피로 가슴을 적셔 주시옵소서. 이 땅 가득히 주님의 영광이 나타나기를 소망합니다. 대한민국을 하나님 앞에서 정의로운 나라로 삼아 주시고, 방방곡곡의 백성에게는 인생의 행복이 주님께 있음을 깨달아 알아 여호와의 도우심을 구하게 하시옵소서.

예배위원 말씀을 선포하실 목사님께 성령님의 기름을 부으심으로 영력을 더하여 주시옵소서. 주님의 교회를 생명의 진리로 채워 주시옵소서. 이제, 저희들은 왕 앞에 선 신하와 같이 말씀을 듣게 하시옵소서. 말씀으로 새 힘을 얻게 해주시옵소서.
○○성가대를 세우셨으니, 부름을 받은 종들의 노랫소리가 하나님을 영화롭게 해드리기를 원합니다. 예수님을 구주로

믿는 무리들이 한 마음으로 하나님을 찬양하며 예배하도록 하옵소서.

이 예배를 위해서 봉사하는 종들이 있으니, 그들이 더욱 충성스럽게 감당하게 하옵소서. 함께 모인 회중이 전심으로 주를 찬송하고, 영원토록 주님의 이름에 영광을 드리게 하시옵소서.

공동체중보 오늘도 함께 예배한 이들에게 거룩한 공동체를 경험하게 하시옵소서. 안타깝게도 이 자리에는 사람의 힘으로 어찌해 볼 수 없는 환경에 처해진 이들이 있습니다. 사람이 돕는다 해도 잠시일 뿐, 어려움을 해결할 수 없는 이들을 불쌍히 여겨 주시옵소서. 반석에서 물이 나고, 들에서 양식을 줍는 은혜를 내려 주시옵소서. 절망과 낙심의 눈물로 얼굴이 상해진 이들에게 구원을 보게 하시옵소서.

세상을 향해 ○○교회의 성도들에게 세상의 사람들을 향하여 마음이 열리게 하시니 감사합니다. 믿음의 눈으로 함께 지내고 있는 이들을 보게 하시니 감사합니다. 이 마음은 성령께서 주신 것인 줄 믿으니 그들을 가슴에 품고 기도하도록 이끌어 주시옵소서. 이웃을 하며 지내도록 하신 사람들, 그들이 저희들에게 기도가 되게 하시옵소서.

예수님의 이름으로 기도드립니다. 아멘.

5월 4주, 24일

교회로 모이게 하시는 하나님,

예배-찬양 주님의 피로 세워진 ○○교회, 예배에 모인 이들이 거룩하신 주님을 찬양하게 하시옵소서. 여기에 모인 이들에게 천사들도 흠모할 찬양을 드리게 하시옵소서. 오늘, 순서에 따라 주님을 경배할 때, 하나님의 영광을 가로채려 하는 마귀의 계략을 무찔러 주시옵소서. 영과 진리로 마음을 드려 하나님을 높이도록 하시옵소서.

회개-용서 ○○의 지체, 부활의 주님을 믿게 해주심에 감사드립니다. 그러나 부활신앙을 잊고 지냈습니다. 용서해 주시옵소서. 부활하신 주님께서 하늘에 계시니 하늘을 바라보게 하시옵소서. 이 땅에 있는 것에 욕심을 내거나 땅에 있는 것들로 마음에 요동이 일지 않게 하시옵소서. 오직 상 주실 것을 바라보며 살아가도록 이끄시옵소서.

오늘의 간구 주님의 은혜를 사모하는 자들마다 주의 영으로 덮으셔서 성령 충만한 사람으로 다시 태어 날 수 있도록 도와주시옵소서. ○○의 지체는 성령님께 충만해지기를 원합니다. 그래서 그 어떤 불의와도 타협하지 않도록 하시고, 주님을 담대히 증거하고 그 어떤 위협도 굴하지 않는 순교의 신앙이 확실하게 지내게 하시옵소서.

성령님의임재 하나님의 일을 맡은 자로서 마땅히 거룩하게 지내야 함에도 그리하지 못했습니다. 저희들의 삶이 세상에 대하여 하나님을 보여주고, 교회에서 하나님의 영광을 구하는데 부족했음을 고백합니다. 주님을 따르려거든 자기를 부인하라고 하셨지요. 그러나 자신에게 집착하도록 하는 죄의 유혹에 쓰러지고 있으니 충성을 결단하게 하시옵소서. 성령님으로 든든히 세워져 가게 하시옵소서.

교회의사명 하나님께서는 우리나라와 민족을 눈동자처럼 살피시고 인도해 주셨습니다. 우리 민족에게 때를 따라 긍휼을 베풀어 주셔서 수많은 위기 속에서도 보호해 주셨습니다. 그런데 세계의 경제상황이 어렵게 되고, 환율의 급격한 인상으로 국민의 생활이 어려워지고 있습니다. 경제적인 난국을 헤쳐 나가도록 담당자들에게 지혜를 주시옵소서. 물가가 안정되어 모두가 평안해지게 하시옵소서.

예배위원 선포되는 주님의 말씀이 저희를 비추는 거울이 되기를 원합니다. 흐트러진 모습을 발견하게 하시고 신앙으로 바로 서게 하시옵소서. 우둔한 귀를 열어서 듣게 하시옵소서.
성가대원들이 하나님 앞에 찬양을 드립니다. 받아 주시옵소서. 성가를 부르는 이들과 함께 하는 ○○의 지체들이 은혜를 누리는 찬양이게 하시옵소서. 오직 하나님께만 영광을 드리게 하시옵소서.

오늘도 저희들이 주일을 성수하도록 교회 안의 여러 위치에서 수고하는 이들을 세워주셨습니다. 그들에게 기름을 부으시고 섬김의 은혜를 내려 주시옵소서. 교회의 각 기관에서 봉사하는 이들에게 하나님의 교회를 세워나가게 하시옵소서.

공동체중보 저희들에게 주님을 향한 사랑으로 가득 차게 하심을 믿습니다. 이로써, 저희들의 참 기쁨이 주님이게 하시옵소서. 저희들의 영혼과 육체를 주님께 드립니다. 저희들의 가슴과 머리를 주님의 뜻으로 채워 주시옵소서. 무엇에든지 주님의 거룩하신 뜻이 드러나기를 원합니다. 하나님의 뜻을 이루어 드리는 손과 발이 되게 하시옵소서. 사랑하는 교우들이 주님의 몸으로 세워져 가게 하시옵소서.

세상을 향해 주님의 복음을 전하고 영혼을 구원하는 일에 헌신하게 하시옵소서. 병든 자에게는 치유와 회복시키는 일에 전심전력하기를 원합니다. 이로써 오직 모든 영광을 하나님께 돌리는 저희들로 삼아주시옵소서. 오늘도 저희들 한 사람, 한 사람이 자신의 자리에서 세상을 들어가 하나님 나라를 확장시키는데 쓰여 지게 하시옵소서.

예수님의 이름으로 기도드립니다. 아멘.

5월 5주, 31일, 삼위일체주일, 토 - 망종, 현충일

세상에서 구별해 주시는 하나님,

예배-찬양 삼위일체주일에, 인생의 반석이신 주님의 품에서 보호를 받고 지내게 해주셨음을 인하여 찬송을 드립니다. 오늘, 거룩한 날에, 사랑하는 주님의 권속을 은혜의 자리로 불러 주셔서 영과 진리로 예배하게 하셨으니 영광을 드립니다. 베풀어 주시는 신령한 식탁으로 인해 천국 잔치의 기쁨을 누리는 한 시간이 되게 하시옵소서.

회개-용서 솔직히 말씀을 드려 저희들은 하나님의 영광에 주목하지 못하였습니다. 진실함도 없고 정직함도 없이, 잘 되기만 바래왔습니다. 욕심으로 얼룩져진 저희들을 불쌍히 여겨 주시옵소서. 하나님 앞에서 스스로 성결케 하고, 주님께서 주시기까지 기다리도록 인도해 주시옵소서. 또한, 주님께서 주시려는 것을 받으려 하게 하시옵소서.

오늘의간구 이 시간에, 저희들의 모습 그대로가 예물로 드려지는 예배이기를 원합니다. 하나님께 영광을 바치는 예배에서 저희를 받으시고, 주님의 지체들로 삼아 주시옵소서. ○○의 귀한 권속을 성도로 세상에 내어보내질 수 있도록 만들어 주시기 원합니다. 주님의 영광을 드러내며, 천국의 일꾼답게 세워지도록 새롭게 하시옵소서.

성령님의임재 하나님의 사랑하시는 직분자들에게 여호와의 이름을 부르게 하시고, 하나님 앞에서 서기 위하여 무릎을 꿇게 하시옵소서. 귀한 지체들이 교회를 위한 사역자로 선택되어 이른 아침부터 봉사하고 있습니다. 그들이 감사와 감격으로 자리를 지키게 하시옵소서. 교회를 사랑하고 주님께 드려져서 맡겨진 직무를 충성스럽게 섬기게 하시옵소서. 지금, 교회는 성령님께 충만해지게 하시옵소서.

교회의사명 저희들에게 생명을 죄악에서 건져내는 일을 맡겨주셨음에 감사드립니다. 모든 성도들이 성령님과 지혜에 충만하여 한 영혼을 주님께 인도하도록 하옵소서. 간절히 기도하옵건대, 전도지를 들고 거리로 나갈 때, 복음을 들을 준비된 영혼들을 만나게 하옵소서. 이 지역에 있는 불쌍한 영혼들을 저희 교회에 주시옵소서.

예배위원 강단에서 증거 되는 목사님의 설교가 우리를 배불리 먹이시는 말씀이 되게 하시옵소서. 말씀을 전하실 목사님께 기름 부으심으로 말미암아, 성령님의 능력으로 붙들어 주실 줄로 믿습니다.

성가대로 봉사하는 성가대원들에게 귀한 직분을 허락하셨으니 더욱 공교히 찬양하여 하늘에서의 은혜가 쏟아지는 귀한 찬양을 드릴 수 있도록 복으로 더하여 주시옵소서.

마음을 다하여 예배를 돕는 손길들을 기억해주시옵소서. 저들의 봉사와 헌신을 통하여 주일이 경건해지기를 원합니다. 이 예배가 더욱 주님께 큰 영광을 돌리는 예배가 되게 하시옵소서.

공동체중보 우리 교회에 속한 권속을 위하여 간구합니다. 예배를 통해서 가정마다 은혜의 강물이 흘러가게 하시옵소서. 성전에서 흘러나오는 생수의 역사가 가정마다 흘러서 생애의 지표를 삼게 하시기 원합니다. 그래서 더욱더 믿음 안에서 굳건히 세워지는 권속이 되어 우리 모두 믿음의 역사를 이어가기를 원합니다.

세상을 향해 우리나라를 복음의 땅으로 만들어 주시옵소서. 죄악으로 멸망을 받는 이들 중에, 여호와의 백성이 있어 교회를 세우셨듯이, 이 땅 곳곳에 있는 교회로 주의 백성들이 돌아오게 하시옵소서. 민족의 가슴에 여호와의 소성케 하심이 있어 벅찬 기쁨으로 살아가도록 하시옵소서. 국민 각 사람과 민족의 장래를 하나님께 맡겨드립니다. 우리 교회로 세상을 지키는 등대가 되게 하시옵소서.

예수님의 이름으로 기도드립니다. 아멘.

2026년 6월

6월 1주, 7일, 현충일예배

6월의 첫째 주일을 열어주신 하나님,

예배-찬양 오늘은 주일을 현충일 예배로 지키게 하시니 감사합니다. 생명과 빛으로 오신 주님을 즐거워하면서 예배의 자리로 나아가기를 원합니다. 주님의 평안으로 모두가 즐겁게 지냈습니다. 참으로 저희들이 살아온 한 주간은 아름다웠습니다. 간절히 바라니 하나님을 영화롭게 예배하는 시간에, 하나님께서는 하늘에서 즐거워하시옵소서.

회개-용서 예배로 모인 저희들, 영광을 드림에 부족하였습니다. 하나님께서 대한민국을 지켜 주시려고 겨레와 나라를 위하여 목숨을 바친 이들이 있게 하셨는데, 저희들은 애국애족으로 자신을 바치신 이들을 생각하며 지내는데 부족하였습니다. 용서해 주시옵소서. 예배 모임에 크신 복을 내려 주시어 향기로운 제사가 되기를 원합니다.

오늘의간구 하나님께서 이 나라를 사랑하시는 줄로 믿습니다. 이 땅에서는 하나님을 배역하는 일들이 횡행하고 있어서 안타깝습니다. 우상을 따르는 이들이 죄에서 돌아서게 하시옵소서. 무지로 말미암아 부도덕과 비윤리에 빠진 이들이 올바름으로 돌아서게 하시옵소서. 불의를 거절하게 하시옵소서. 혼돈과 죄악 속에 있는 백성을 구원하사 우리 사회에 하나님의 공의와 사랑이 넘쳐나게 하시옵소서.

성령님의임재 성령님이 오셨음을 환영하고, 성령님께 인도를 받습니다. 이제, 저희들은 더 이상, 옛 사람들이 아님을 깨닫습니다. 성령님의 충만으로 새롭게 지어졌으니, 주님 안에서 거룩한 소원을 품게 하시옵소서. 받은 은혜에 보답하는 삶에 대한 소원을 가져, 하나님의 영광을 위해서 무엇이라도 하겠다는 소원을 갖게 하시옵소서. 주님의 교회에 꼭 필요한 일을 감당하겠다는 소원을 주시옵소서.

교회의사명 우리 하나님의 영광이 이 교회에 있으니, 그 보좌는 하늘에 있습니다. 하나님의 친 백성으로 삼아주신 ○○의 지체들이 이제부터 영원까지 여호와를 송축하게 하시옵소서. 영광과 권능을 여호와께 돌리게 하시옵소서. 시온에 계신 여호와를 찬송하며 그의 행사를 백성 중에 선포하는 교회가 되게 하시옵소서.

예배위원 오늘도 주님의 말씀을 선포하시는 목사님 위에 함께 하사 성령의 권능으로 붙들어 주시옵소서. 하나님의 권세와 주권이 선포되는 귀한 시간이 되게 하여 주시옵소서. 저희들에게는 들을 귀를 주셔서 진리의 말씀으로 생명에 이르게 하시옵소서.

세움을 받은 성가대원들로 말미암아 하나님께 영광을 드립니다. 귀한 지체가 진리 안에서 노래하게 하시며, 주님의 아름다우심을 찬양하게 하시며, 성가로 영광을 드리니 은총을 내려주시옵소서.

예배를 위하여 수고하는 예배위원들 위에 축복하여 주시옵소서. 예배를 섬기는 모든 손길들을 축복하여 주시고, 그 봉사로 인해 더욱 하나님께로 다가가는 은혜를 더하여 주시옵소서.

공동체중보 성령님의 강한 기름 부으심이 임하여 우리를 괴롭히고 있는 질병에서 고침을 받게 하시옵소서. 사랑하는 지체들이 병으로 말미암아 시달리고, 육체가 연약해져 낙심될 때, 여호와께서 그들을 병상에서 붙드시고, 그들이 누워 있을 때마다 병을 고쳐 주시옵소서. 이로써 다음 주일에는 우리와 한 자리에 앉아 예배하게 하시옵소서.

세상을향해 주님의 교회, ○○교회를 기억하시고, 민족과 세계를 품고 기도할 때 다시금 이 나라에 복음의 불길이 타오르게 하시옵소서. 저희 교회가 살아남으로 이웃이 살게 하시고, 죽어가는 수많은 영혼들을 주 앞으로 인도하는 구원의 방주가 되게 하시옵소서. 민족을 사랑하는 교회, 이웃과 더불어 지내는 교회로 이끌어 주시옵소서.

예수님의 이름으로 기도드립니다. 아멘.

6월 2주, 14일, 금 - 단오

종들에게 송축하도록 하시는 하나님,

예배-찬양 이 시간에, 하나님을 그리워하는 지체가 모였습니다. 하나님의 영광을 위하여 구별해 주신 곳으로 나왔으니, 예배를 받으시옵소서. 원근각처에서 모인 ○○의 지체들이 즐거운 소리로 하나님께 외치게 하시옵소서. 저희들은 주님과 한 몸이 되어 찬양을 드리게 하시옵소서. 하나님의 이름에 합당한 영광을 드리게 하시옵소서.

회개-용서 하나님의 말씀에 주목하지 못하고 지내온 것을 회개합니다. 성경이 하나님의 말씀임을 알면서도 성경을 사랑하지 못한 죄를 고백합니다. 바쁘고, 분주하다는 핑계들로 성경 읽는 일에 열심을 내지 않았음을 용서해 주시옵소서. 성경을 가까이 함에 주목하고, 주의 말씀은 내 발에 등이요 내 길에 빛이라는 것을 늘 기억하게 하시옵소서.

오늘의간구 이 시간에, 대한민국을 움직이고 있는 위정자들을 축복합니다. 하나님께서 그들에게 권세를 주신 줄로 믿습니다. 그들이 권세는 하늘로부터 온 것임을 알아 겸손하게 하시옵소서. 공적인 일을 맡고 있는 이들이 하나님 앞에서나 사람들 앞에서 선한 일꾼이 되기를 사모하게 하시옵소서. 그들이 맡겨진 일에 충직해서 잘 살아가는 나라가 만들려는 소원을 품게 하시옵소서.

성령님의임재 천국 복음이 주는 은혜를 받아 죽음의 지옥불로 뛰어가는 불쌍한 영혼들을 향해서 복음을 외치게 하옵소서. 저희들이 살아가는 자리에서 복음을 전하기를 소원으로 삼게 하시고, 언제나 주님과 동행하도록 이끌어 주시옵소서. 생명을 살리는 일에, 종들로 삼아 주셨으니 충성을 다하여 섬기게 하시옵소서.

교회의사명 ○○의 권속에게 주님의 살과 피로 화목의 은혜를 내려 주시옵소서. 주님께서 흘리신 보혈로 저희들을 화목하게 하셨으나 욕심으로 말미암아 화목을 깼습니다. 화목의 은혜를 주셔서 하나님과의 화평을 이루게 하시옵소서. 화목의 은혜가 성도들의 각 심령 속으로 흘러들어가게 하시옵소서. 이로써 교회를 통해서 거룩한 몸을 경험하고, 가족 교회를 누리게 하시옵소서.

예배위원 말씀을 준비하신 목사님께 성령님으로 감동해 주시옵소서. 저희들은 하나님의 말씀을 즐거운 마음으로 머리가 아닌 가슴에 받아, 법도를 사랑하고 지키기를 소망합니다. 심령을 열어서 주님의 말씀을 받아, 저희들이 온전히 세워지게 하시옵소서.

○○ 성가대를 세워주셔서 감사합니다. 그들의 헌신에, 아름다운 찬양이 있는 예배로 하나님께 영광이 드려지기 원합니

다. 그들이 마음과 몸을 드려 찬양할 때, 하나님께의 영광이 선포되게 하시옵소서.

예배가 예배되도록 섬김으로 수고하는 종들에게 크신 복을 내려주시옵소서. 맡은 자리에서 예배의 진행을 돕는 손길들에게 은혜를 더하여 주옵소서. 예배를 섬김에 충성하는 종들이 되게 하시옵소서.

공동체중보 주님의 교회를 위해서 기도합니다. 이 교회가 오늘도 주님의 몸이 되어 사명을 감당하게 하시옵소서. 교회를 이루는 지체들이 오직 하나님만을 섬기고 오직 하나님만을 위해 봉사하며 하나님의 영광을 위하여 교제를 나누게 하시옵소서. 선한 눈이 되게 하시고, 감사의 입술이 되게 하시며, 복된 귀가 되게 하셔서 성결한 삶이 지속되게 하여 주옵소서. 하나님 앞에서 부족함이 없게 하시옵소서.

세상을 향해 갈보리에서 우리의 옛 사람이 죽었고, 무덤을 깨뜨리신 주님과 함께 우리가 새 사람이 되었음에 감사드립니다. 주님의 십자가에서 저희들이 새 사람이 되었으니, 생각을 새롭게 하고 옛 사람을 거절하게 하시옵소서. 전에 좋아하던 행실을 거절하고, 하늘에 속한 행실을 따르게 하시옵소서. 믿음의 승리를 누리게 하시옵소서.

예수님의 이름으로 기도드립니다. 아멘.

6월 3주, 21일, 한국전쟁일(추도)예배, 주 - 하지

민족을 지켜 보호하시는 하나님,

예배-찬양 주일에, 한국전쟁을 기억하여 예배하기를 원합니다. 열방 가운데서 하나님의 인자하심이 크셨음에 찬송을 드립니다. 거룩한 시간에, 천국의 자녀 됨을 풍성히 누리면서 하나님과의 인격적인 만남을 경험하는 복을 누리게 하시옵소서. 세상을 위하여 일을 하신 하나님의 손길을 찬양하는 복된 예배로 인도해 주시옵소서.

회개-용서 청지기의 사명을 다하지 못하고 지내온 죄를 회개합니다. 하나님을 섬긴다 하면서도 주님께서 베풀어주신 것들에 감사하지 않고, 거룩하지도 못했던 행실을 고백합니다. 여전히 마귀에게 종노릇을 하던 품성에 따라 남을 참소하고, 사납게 행한 죄를 용서해 주시옵소서. 주님의 피로 씻음을 받고, 새롭기를 결단하게 하시옵소서.

오늘의간구 6.25 한국전쟁일을 맞으면서 조국을 지키기 위해 산화하거나 순국한 선열들의 희생정신을 기리게 하시옵소서. 조국을 위해 몸 바쳐 충성한 분들의 희생을 기리고, 기념하게 하시옵소서. 한국 전쟁 당시에, 북에 의해 억류되었던, 국군 포로들이 아직도 가족의 품과 고향으로 돌아오지 못하고 있어 우리를 더욱 아프게 합니다. 이 민족의 가슴을 멍들게 한 전쟁의 아픔을 치유해 주시옵소서.

성령님의 임재 오늘도 하나님의 영광을 구하고, 죽어가는 죄인들을 구원하시려는 하나님의 사랑을 전해오게 하셨습니다. 저희들을 먼저 죄에서 건져 주셨으니, 구원의 주님께 충성을 바치게 하시옵소서. 주님께서 다시 오시는 그날까지 예수님의 이름만 의지하게 하시옵소서. 하나님 한 분 만을 희망과 위로로 삼아 말씀대로 살아가는 믿음, 주님의 영광을 드러내는 살아있는 믿음을 갖게 하시옵소서.

교회의사명 우리 교회와 저희들의 심령을 전도의 영으로 충만하게 하시옵소서. 성령님의 충만하심에 따라 복음을 전하는 일에 헌신하게 하시옵소서. 우리 교회가 이 지역에서 하나님의 심판을 예비하는 노아의 방주가 되기를 원합니다. 우리 교회가 죄악에서 생명을 건져내는 구원선이 되기를 즐거워하게 하시고, 전도에 자원하여 예물도 바치게 하시옵소서. 영혼을 살리는 교회가 되게 하시옵소서.

예배위원 강단에 세워주신 목사님을 붙잡아 주셔서 진리의 말씀을 준비하신 그대로 선포하게 하시옵소서. 저희들은 그 말씀을 받아 그대로 따르는 삶을 살아드리려 다짐하게 하시옵소서.

하나님을 영화롭게 해드리려는 성가대원들에게 기름을 부어주시옵소서. 그들이 입술을 벌려 찬양을 올려드릴 때, 이 전에 영광이 가득하기를 빕니다. 아름다운 찬양에 성도들도 화답하게 하시며, 온 교회가 성삼위 하나님께 영광을 드리게 하시옵소서.

이 한 시간의 예배에 일꾼으로 선택되어 봉사하게 된 종들을 거룩하게 하시옵소서. 순서를 섬기는 종들은 예배의 청지기로서 감격과 감사함으로 봉사하게 하시옵소서.

_{공동체중보} ○○교회를 하나님을 섬기고, 사람을 섬기는 아름다운 공동체로 인도해 주시옵소서. 사랑하는 교우들, 각 사람이 먼저 구원의 확신을 갖고 굳세어지기를 원합니다. 섬김을 통해서 이웃을 사랑하게 하시옵소서. 각 사람이 주님의 삶을 본받고 따르는 교회가 되어 세상을 정화시키는 소금의 역할을 감당하게 하시옵소서.

_{세상을 향해} 우리 교회가 있는 이 동네를 덮고 있는 어둠의 영을 대적합니다. 지역사회에서 하나님을 대적하는 일들이 멈추어지도록 하시옵소서. 죄악의 도시 소돔과 고모라를 위하여 하나님을 찾았던 아브라함에게서 저희들의 동네를 위한 기도를 찾아내게 하시옵소서. 우리 지역에 있는 영혼들을 하나님께 올려드리게 하시옵소서.

예수님의 이름으로 기도드립니다. 아멘.

6월 4주, 28일

성전으로 올라오르도록 하나님,

예배-찬양 이스라엘의 자손에게 하나님을 경외하라고 하셨던 말씀을 받은 저희들은 예배하려고 모였습니다. 교회 안에서 한 공동체를 이루게 하셨으니 성삼위 하나님께 영광을 드립니다. 하늘의 은혜를 사모하며, 예배하게 하시옵소서. 주님을 영화롭게 해드릴 때, 하늘의 천군과 천사들도 찬양을 하고, 회중에는 은혜를 내려 주시옵소서.

회개-용서 저희들이 살아가는 것이 하나님의 은총이라고 고백합니다. 그러나 선민으로 삼아주신 은혜가 풍성하심에도 그 사랑에 감사하지 못하고 아직 가지지 못한 것들에만 눈을 고정시킨 죄를 고백합니다. 저희들에게 있어야 할 것을 아시고, 필요에 따라 넉넉하게 채워주시고, 부요하게 하셨음을 잊은 지금, 죄를 용서해 주시옵소서.

오늘의간구 한 해의 전반기를 보내고, 후반기를 시작하려는 저희들, 지나온 시간 동안에 크신 팔로 감싸주신 여호와의 은혜를 깊이 새길 수 있게 하시옵소서. 자기 백성을 긍휼히 여기시는 하나님의 은혜로 살아왔음을 오늘의 예배를 통해 선포하게 하시옵소서. 광야에서의 이스라엘 백성들이 만나와 메추라기로 배부르게 지냈던 것처럼, 하나님이 자녀들을 보호해 주셨음에 감사합니다.

성령님의임재 부르심을 받은 직분자들에게 자신에게 맡겨진 사명을 바로 보게 하시옵소서. 직분을 귀하게 여겨서 사명을 감당하여 교회를 세우는 일에 대한 비전을 갖게 하시옵소서. 하나님의 예언자들이 충성했기 때문입니다. "예언은 언제든지 사람의 뜻으로 낸 것이 아니요 오직 성령의 감동하심을 받은 사람들이 하나님께 받아 말한 것임이라."는 말씀을 묵상하는 지체들이 되게 하시옵소서.

교회의사명 사람들이 저마다 자기가 좋게 여기면서 소견대로 살았던 사사시대의 삶을 봅니다. 자신에게 유익이 되는 주장이 넘쳐나서 사회가 혼란스럽게 되어가는 것을 봅니다. 정치인은 정치인대로 전문가라고 하는 이들도 역시 자기의 주장으로 갈등이 초래되고 있습니다. 함께 더불어 좋은 사회를 만들어가겠다는 생각은 적어보이니, 이 사회를 성령님의 충만하심으로 다스려 주시옵소서.

예배위원 생명의 복음을 전하기 위하여 목사님께서 단 위에 서셨으니 하나님의 은혜로 구원의 복음을 힘 있게 선포할 수 있도록 이끌어 주시옵소서. 저희들에게는 우둔한 귀를 열어서 듣게 하시옵소서.

이 시간의 예배를 영화롭게 하기 위해서 성가대원들을 구별하여 세우셨습니다. 성령님의 충만으로 세움을 받게 하시옵소서. 그들에게 영과 진리로 입을 벌려 주님의 위대하심을 찬송하게 하시옵소서.

예배를 위하여 존귀한 지체들을 여러 사역으로 세워주셨습니다. 예배의 순서를 맡아서 섬기는 종들에게 은혜를 내려 주시옵소서. 그들의 헌신으로 예배는 더욱 경건해지게 하시옵소서.

공동체중보 이 시간에도 몸이 늙어서 병들어 집이나 병원에서 홀로 있는 이들이 있으니 도와주옵소서. 회복하게 하시는 여호와의 만져주심으로 구원해 주시옵소서. 우리 교회에는 병든 지체들이 많습니다. 그분들에게 성령님의 은총이 내려져 싸매어주시는 은혜로 아픈 부위를 낫게 하시옵소서. 이미 연세가 많아져 쇠약해지신 노인들에게는 남은 생애를 주 안에서 보내도록 하시기를 원합니다.

세상을 향해 예수님의 오심으로 메시아에 대한 약속이 성취되었습니다. 하나님은 약속하시고, 그 언약을 이루십니다. 주님의 오심과 생명의 구원을 묵상하면서 잃은 양을 찾은 목자의 기쁨을 세상에 보여주게 하시옵소서. 거리로 나가 하나님께서 찾으시는 생명들을 구해오게 하시며, 그 생명들로 말미암아 천국 잔치를 열게 하시옵소서.

예수님의 이름으로 기도드립니다. 아멘.

7월 1주, 5일, 맥추감사절, 화 - 소서

맥추감사절로 나오게 하신 하나님,

예배-찬양 오늘은 주일을 맥추절의 절기를 지키려 합니다. 하나님께서 저희들에게 베푸신 것에 감사하면서 예배하니, 영광을 받아 주시옵소서. 진실로 주님의 도우심으로 하늘로부터 기름이 부어져 저희들의 삶이 윤택하였고, 첫 열매를 거두는 기쁨으로 감격해 하고 있습니다. 교우들이 감사로 드리는 예물과 함께 저희들의 심령을 받아주시옵소서.

회개-용서 하나님께서는 저희들에게 지키고 따라야 하는 말씀을 주셨으나, 말씀에 따르지 못했음을 회개합니다. 하나님의 나라와 의를 구하면서 살아야 했는데, 오히려 육신적 삶을 도모하여 유혹에 이끌리고, 욕심으로 말미암아 죄를 지었습니다. 땅의 것에 만족하려 했던 삶을 뉘우치오니, 하나님의 인자하심으로 용서해 주시옵소서.

오늘의 간구 감사로 예배를 드리며, 마음의 무릎을 꿇습니다. 저희들의 손에는 첫 수확물이 들려졌음에 감사드립니다. 주님의 십자가를 생각하면서 지내는 동안에 모든 육체에게 먹을 것을 주셨으니 감사합니다. 주님의 은혜로 모자람을 모르고 지냈습니다. 저희는 하나님을 잊고 산 적이 많지만, 하나님은 우리를 한 번도 잊지 않으신 인자하신 분이셨음을 믿고, 감사드리며 예배에로 나아가게 하시옵소서.

성령님의임재 하나님의 성소로 아버지의 자녀들이 나왔습니다. 성령님께서 이끌어주시는 대로, 전능하신 하나님을 신뢰하는 삶으로 삼아주시옵소서. 그 은혜로 말미암아 천국을 사모하는 심령이 되게 하시옵소서. 저희들의 심령을 하나님께로 이끌어 주시는 은총을 누리게 해주시옵소서. 하나님이 기쁨이 되어 주시옵소서.

교회의사명 구속하여 자녀로 불러 주신 아버지 앞에 모였습니다. 한 주간 살아왔던 시간들을 돌아볼 때, 감사하면서 찬양을 드립니다. 하나님의 크신 사랑은 주님의 이름으로 세상의 모든 것들을 이기게 하셨으며, 오직 은혜로만 살아온 시간이어서 감사하는 교우가 되게 하시옵소서. 이 예배로 말미암아 거룩한 교제를 누리게 하시옵소서.

예배위원 예배당을 찾은 성도들에게 맥추감사절의 메시지로 진리의 은혜에 풍성하게 하시옵소서. 목사님의 입을 빌려서 선포되는 주님의 말씀을 듣게 하시기 원합니다. 목사님께 성령의 능력이 더하여, 전하시는 말씀에 감화와 감동이 있게 하시옵소서.

이제, 성가대원들이 찬양으로 영광을 돌립니다. 성가대원들을 거룩하게 하셔서 하늘에서 천군과 천사가 화답하는 찬양이 되게 하여 주시옵소서. 저희들 모두에게 은혜의 시간이 되게 하시옵소서.

오늘도 순서에 따라서 예배의 진행을 돕고, 성도들의 편의를 위해 봉사하는 종들을 구별해 주셨습니다. 충성스럽게 감당하는 헌신을 받으시고, 예배에는 사탄의 세력이 얼씬거리지 못하게 하시옵소서.

공동체중보 ○○의 권속 중에, 주일을 성수하기를 기다리며, 이 성전에 나오기를 사모하지만 나오지 못한 이들이 있어 안타까움이 더합니다. 늘 우리와 함께, 바로 옆에서 예배하던 지체들이 그립습니다. 지금, 고민을 하면서, 또는 외로운 곳에서 힘들게 지내는 이들에게 하나님을 향해 얼굴을 들게 하시옵소서. 하늘의 문을 열어 주시옵소서. 그들에게도 회중 예배의 기쁨을 누리게 하시옵소서.

세상을향해 주님의 또 다른 모습으로 ○○교회가 이 지역에서 세상을 섬기도록 하셨음에 감사드립니다. 교회 주변에 있는 가난하고, 병든 이들을 섬기게 하시옵소서. 하나님의 긍휼을 전하는 손길이 되어 위로하게 하시옵소서. 사회봉사에 더욱 자원하게 하시옵소서. 교회에서 관리하는 섬기는 일에도 더욱 헌신하게 하시기를 원합니다.

예수님의 이름으로 기도드립니다. 아멘.

7월 2주, 12일

인생에게 도움이 되시는 하나님,

예배-찬양 오늘을 거룩하게 하라는 명령에 따라 예배하러 모였습니다. 주님께서 지으신 모든 민족이 와서 주의 앞에 경배하며 주의 이름에 감사를 돌립니다. 하나님은 지난 한 주간 동안에도 저희들을 능하게 하셨습니다. 주님의 성호를 높이 들며 살게 하셨습니다. 주님의 보혈로 세상을 이기며 살아왔음에 영광을 드리게 하시옵소서.

회개-용서 하나님께서 살아계시며, 상을 주시는 이심을 믿는데 소홀했던 죄를 내어놓습니다. 하나님이 없다는 이들과 다를 바 없이 지냈고, 하나님의 상보다는 세상의 유익에 마음을 두었습니다. 이제, 육신의 생각과 소욕에 매이는 죄를 벗어 버리게 하시옵소서. 성령님의 충만하심으로 옷을 입어 주님과 동행하도록 인도해 주시옵소서.

오늘의간구 저희들은 곧 초복을 맞이합니다. 이 날은 여름이 시작된다는 것을 모두에게 알리는 절기인 만큼 여름을 건강하게 보낼 수 있도록 하나님의 은총을 구합니다. 하나님께서 세상을 지으실 때, 여름의 무더위도 필요하셔서 만드신 줄로 믿습니다. 여름의 계절이 하나님을 영화롭게 해드림이 되게 하시며, 저희들 각자는 지혜롭게 자신의 건강관리에 신경을 써서 무더위를 이기게 하시옵소서.

성령님의 임재 주님께서 분부하신 땅 끝까지와 만민에게 복음을 전파하라는 지상명령에 순종하는 저희들이 되기 원합니다. 저희들의 선교 열정으로 인하여 이 지구상에 성령님의 역사가 넘치기를 소원합니다. 열방의 도처에서 선교 사역을 감당하는 선교사들을 위해 기도합니다. 그들과 함께 하셔서 하나님의 큰 역사를 이루시옵소서.

교회의 사명 하나님을 그리워하는 지체들이 모였습니다. 하나님의 영광을 위하여 구별해 주신 곳으로 나왔으니, 예배를 받으시옵소서. 원근각처에서 모인 ○○의 지체들이 즐거운 소리로 하나님께 외치게 하시옵소서. 저희들에게 주님의 한 몸이 되어 찬양을 드리게 하시옵소서. 하나님의 이름에 합당한 영광을 드리게 하시옵소서. 세워진 교회로서 하늘에 그리고 땅에 사명을 이루어내게 하시옵소서.

예배위원 성령님의 충만하심이 강단에 넘치기를 원합니다. 말씀을 대언하실 목사님께서 단에 오르셨으니 대언의 권세를 주셔서 구원에 이르는 생명의 말씀을 선포하게 하시옵소서. 그 말씀에서 저희들을 위하시는 하나님의 사랑을 확인하게 하시옵소서.

○○성가대가 하나님께 영광이기를 소원합니다. 귀한 지체들이 예배하는 한 시간을 찬양하려 합니다. 그들의 찬양을

통해서 하나님께는 영광이 드려지고, 사랑하는 교우들에게는 감격이 되게 하시옵소서.

예배와 주일을 위하여 여러 자리에서, 여러 모양으로 섬기는 종들에게도 은혜를 더해 주시옵소서. 저희들의 마음과 입술로 찬양하며 감사를 드리는 예배이기를 원합니다.

공동체중보 저희들에게는 안타까운 일들이 함께 하고 있습니다. 그들을 불쌍히 여겨 주시고, ○○의 지체에게는 섬김의 은혜를 내려 주시옵소서. 성령님의 충만하심으로 서로를 섬김으로써 주님의 몸을 이루는 교회가 되게 하시옵소서. 갈보리에서 보여 진 섬김의 은혜로 교회를 세우는 저희들이 되게 하시옵소서.

세상을향해 우리 교회가 이 지역에 세워진 것은 여기에 지역사회를 섬기라는 사명이 있음을 깨닫습니다. '너희가 주라.'고 하신 주님의 말씀에 따라 저희들에게 복음을 들고 나아가게 하시옵소서. 가정으로, 일터로 가게 하시옵소서. 생명의 말씀을 들어야 할 영혼들이 있는 곳은 어디든지 가서 담대히 천국의 말씀을 전하기 원합니다. 그 영혼이 주께로 돌아오는 놀라운 역사를 체험하게 하시옵소서.

예수님의 이름으로 기도드립니다. 아멘.

7월 3주, 19일, 목 - 대서, 토 - 중복

구원을 바라게 하시는 하나님,

예배-찬양 많은 이들 중에서 저희를 구별하시고 지켜주셔서 선택받은 백성으로 예배하게 하셨음에 감사드립니다. 하나님께서 홀로 영광을 받으셔야 하시는 예배로 말미암아 하나님의 영광을 선포하는 ○○의 교우들 되게 하시옵소서. 예배하는 이곳에 진리의 빛과 은총의 향기로 가득 채워주시고, 삶의 용기와 지혜를 얻게 하시옵소서.

회개-용서 하나님 앞에서 게으름이 얼마나 큰 죄라는 것을 생각하지 못하고 살아왔으니 용서해 주시옵소서. 저희들이 부하게 살기를 바라기 전에 부지런하게 살고, 건강하기를 바라기 전에 열심히 일할 수 있는 마음을 갖게 해주시옵소서. 부지런하여 건강도 얻고, 지혜도 얻고, 용기도 얻고, 충만함을 날마다 체험하며 살게 하시옵소서.

오늘의간구 교회를 위하여 간구합니다. 사랑하는 ○○의 교우에게 주님의 의를 덧입혀 주셨음에 감격하게 하시옵소서. 우리가 주 안에서 죄 사함을 통하여 주님과 한 몸이 되었으니, 그리스도와 연합하여 그의 모든 부요와 은사들을 공유하기를 소망하기 결단합니다. 하나님의 은총이 저희를 지체로 묶어 교회를 이루게 하신 줄로 믿습니다. 우리가 서로를 섬기면서 지내게 하시옵소서.

성령님의 임재 하나님께는 영광을 선포하고, 주님의 부활을 기뻐하면서 예배하기 위해 모인 권속을 받아주시옵소서. 예배하는 지금, 성령님께 충만하게 하시옵소서. 다시 사심으로써 저희들을 억누르고 있는 절망을 거두어주신 예수님을 즐거워하게 하시옵소서. 이 땅이 아무리 어둠이 심하고, 저희들에게 희망이 보이지 않는다 해도, 전혀 낙심하지 않게 해주셨음에 소망 중에 주님을 바라봅니다.

교회의 사명 저희 인생들에게 구원의 이름을 주신 하나님의 은혜에 감사드립니다. 이 이름을 죽어가는 이들에게 나누어주는 열심을 갖게 해주셨음에 감사드립니다. 저희들이 누리는 구원의 은혜를 불신자들과 나누게 하시옵소서. 우상에게 끌려다니는 무지몽매한 이들에게 생명의 은혜를 나누게 하시옵소서. 이로써 우리 겨레가 어린이에서 노년 세대에 예수 한국의 복을 누리며 지내게 하시옵소서.

예배위원 하나님의 말씀을 받기 위해서 마음을 모읍니다. 진리와 생명이 되는 말씀을 사모합니다. 목사님을 대언자로 세우셔서 말씀을 전하게 하심을 감사드립니다. 저희들 모두에게 들을 귀를 주시고, 전해주시는 말씀으로 구원의 주이신 예수님을 찬양하게 하옵소서.

저희들의 예배를 영화롭게 하셔서 ○○성가대를 세워주시

고, 오늘도 그들이 마음과 몸을 드려 찬양할 때, 하나님의 은혜를 체험하는 복된 자리로 인도해 주시옵소서.
예배위원들의 수고를 받아주시옵소서. 사탄이 역사하지 않게 하시고, 하나님의 영광을 훼방하는 세력들은 물리쳐 주시옵소서.

공동체중보 주님의 몸으로 세워주신 우리 교회, 여기에서 꿇어 엎드린 주의 사랑하는 성도들을 위하여 기도합니다. 눈물 흘리며 기도하는 기도를 들으시고 좋은 것으로 응답해 주시옵소서. 온 성도는 먼저 하나님 말씀대로 살아가는 믿음을 갖기 원합니다. 저희들을 온전히 이끄셔서 더 굳센 믿음 위에 서게 해주시옵소서.

세상을 향해 하나님께서 사랑하시는 나라, 여호와의 손으로 만져 주시는 나라로 대한민국에 복을 내려 주시옵소서. 이 나라에 속한 모든 이들이 범사가 잘 되고 강건하여 하나님께 영광을 드리게 하시옵소서. 하나님께서 사랑해주시는 나라, 하나님께서 위해주시는 나라의 백성들이 하나님을 즐거워하고, 여호와의 인도하심을 소망하게 하시옵소서.

예수님의 이름으로 기도드립니다. 아멘.

7월 4주, 26일

응답으로 위로해 주시는 하나님,

예배-찬양 주일을 거룩하게 하려고 선택된 이들과 함께 하시는 하나님께 찬송을 바칩니다. 주님의 자녀들이 거룩하기를 원하여 나아왔으니, 주님의 품에 안기게 해 주시옵소서. 오직 영광을 드릴 때, 하나님의 손이 함께 하셨음을 감사드립니다. 주님께서 저희를 불쌍히 여겨 기도에 응답하시고, 순간 순간마다 구원이 되셨으니 감사합니다.

회개-용서 하나님께서 저희들을 자녀로 삼아주심은 주 안에서 항상 기뻐하도록 하심이셨으나 기뻐하지 못하였습니다. 순간, 순간에 눈으로 보이는 환경에 마음을 내어주고 말았습니다. 기쁨보다는 분노와 화로 지내왔고, 성도의 관용에서는 먼 생활을 해왔음을 회개합니다. 주님을 따르기에 부족했던 저희들입니다. 용서해 주시옵소서.

오늘의간구 여름철의 신앙훈련을 하게 하시니 감사합니다. 교육기관에서는 어린아이들의 성경학교, 학생들의 신앙수련회를 실시하게 하셨습니다. 전도기관에서는 기도회 등을 개최하여 심령의 부흥과 은혜를 체험, 신앙을 강화하는 시간을 보내고 있습니다. 정금 같이 단련되는 기회를 주셨으니 모두가 같은 말, 같은 생각, 같은 마음으로 임하게 하시옵소서. 십자가의 군사로 세워지게 하시옵소서.

성령님의임재 하나님의 일을 맡은 종들을 축복합니다. 사랑하는 직분자들, 열매를 맺히는 가지와 같이 나무 되신 주님께 충성을 다하여 하나님의 나라와 교회에 열매를 맺혀 드리게 하시옵소서. 하나님께서 베풀어 주신 은혜에 감사로 나아가 충성을 다하겠다는 결단을 드리게 하시옵소서. 오늘에까지 함께 하신 하나님의 이름에 영광을 바치게 하시옵소서. 하나님 앞에서 사명을 귀하게 여깁니다.

교회의사명 이 나라를 사랑하시는 하나님께 감사와 영광을 드립니다. 내일, 제헌절을 맞이하면서 제헌국회를 조직해 주시고, 국회가 개원되었을 때, 기도로 시작하게 하신 하나님을 기억합니다. 당시에 국회에 모인 이들이 조국에 광복을 주신 분이 하나님이시라는 것에 동의하였다는 사실은 감격에 감격입니다. 기도로 국회를 열게 하시고, 헌법을 제정하도록 하신 하나님을 잊지 않게 하시옵소서.

예배위원 이제, ○○의 지체들이 마음을 겸손히 하여 하나님의 말씀을 기다립니다. 강단을 기름지게 해주시옵소서. 저희들에게 말씀을 대언하실 목사님께서 단에 오르셨으니 생명의 말씀을 선포하게 하시옵소서. 그 말씀으로 교회는 든든히 세워져 가게 하시옵소서.

예배를 아름답게 하는 ○○성가대의 귀한 지체들의 찬양을 받아주시옵소서. 이들의 찬양을 통해서 하나님께는 영광이 드려지고, 혹시 찬송의 힘을 잃은 회중들은 힘을 얻기를 원합니다.

지금, 저희들이 예배하는 동안에 예배당의 안팎에서 봉사하는 종들이 있음에 감사드립니다. 귀한 지체들의 섬김으로 그들 자신에게도 은총을 입게 하시옵소서.

<small>공동체중보</small> 오늘도 질병으로 눈물을 쏟고 있는 지체들이 "내가 주께 부르짖으매 나를 고치셨나이다"라고 고백하는 은혜를 경험하게 하시옵소서. 무릎을 꿇어 기도하는 환우들의 기도를 응답해 주셔서 치료해 주시옵소서. 주님의 긍휼과 능력을 구하는 지체들의 뜨거운 눈물의 기도를 들어주시옵소서. 살아계신 주를 찬송하게 하시옵소서.

<small>세상을 향해</small> 구원받아야 될 영혼들이 있어서 땅 끝까지 전도자와 선교사를 보내신 하나님의 열심에 찬양을 드립니다. 보냄을 받은 종들이 낯선 자들에게, 낯선 땅에서 복음의 사역을 할 때, 담대하게 하시옵소서. 여호와의 깃발을 높이고 사탄의 진을 공격하게 하옵소서. 사역을 위해서 분주할 때, 생명의 역사를 일으키게 하시옵소서.

예수님의 이름으로 기도드립니다. 아멘.

2026년 8월

8월 1주, 2일, 금 · 입추

8월의 첫째 주일을 열어주신 하나님,

예배-찬양 주의 성전을 향하여 예배하며 주의 인자하심과 성실하심으로 말미암아 주의 이름에 감사드리는 지체들이 되게 하시옵소서. 오늘은 하나님께서 구별하신 날이니 하나님을 찾는 것에 즐거워하는 은혜를 주시기 원합니다. 주님의 이름을 부르는 지체들이 한 자리에 모여 예배할 때, 성령님의 감동하심을 나타내어 주시옵소서.

회개-용서 천국 백성이 되었다는 사실에는 자존감을 세우면서도, 주님의 사람으로 살아가는 데는 스스로 게을렀습니다. 용서해 주시옵소서. 욕심으로 얼룩져진 저희들을 불쌍히 여겨 주시옵소서. 하나님 앞에서 스스로 성결케 하고, 주님께서 주시기까지 기다리도록 인도해 주시옵소서. 또한, 주님께서 주시려는 것을 받으려 하게 하시옵소서.

오늘의간구 오늘, 주님의 교회가 예수 십자가의 공동체가 되기를 원합니다. 교우들은 예수 십자가를 중심하여 지내오도록 하셨음에 찬양으로 영광을 드립니다. 주님의 보혈로 씻음을 받았으니 주님 앞에서 살아가도록 인도해 주시옵소서. 주님을 사랑해 드림이 삶의 의미가 되고, 주님을 영화롭게 해드림이 삶의 내용이 되기를 원합니다. 이로써 ○○의 권속에게 심령을 새롭게 해 주심이 되게 하시옵소서.

성령님의 임재 성령님께서 강권하시는 은혜로, 믿음으로 예배하게 하시옵소서. 기도와 찬송이 하늘의 하나님께 합당한 영광이 되게 하시옵소서. 잎사귀가 마르지 않게 하신 은혜에 감격하여 그 받은 귀한 선물을 다 주님께 바치기를 소망합니다. 성령님을 기뻐하는 축제의 한 시간으로 삼게 하시옵소서.

교회의 사명 주님께서 사랑하시는 지체에게 여호와의 이름을 부르게 하시고, 예배하기 위해서 무릎을 꿇게 하시옵소서. 귀한 지체가 예배자로 선택되어 경배를 드립니다. 우주와 만물을 지으심으로 그 권능을 인생들에게 알게 하셨습니다. 소와 나귀가 제 구유를 아는 것처럼, 인생의 주인이신 하나님을 예배할 때, 크신 영광을 받아주시옵소서. 예배하는 시간에, 하나님의 영광을 세상에 나타내게 하시옵소서.

예배위원 강단에 세워주신 목사님을 붙잡아 주셔서 진리의 말씀을 준비하신 그대로 선포하게 하시옵소서. 말씀으로 말미암아 주시는 은혜를 체험하고 다짐하는 귀한 시간이 되게 하시옵소서. 저희들의 심령을 단 마음으로 만드셔서 '아멘'으로 받게 하시옵소서.

오늘도 주님을 영화롭게 해드리는 ○○성가대를 세우셨으니 감사합니다. 구별되어 부름을 받은 지체들, 거룩하게 하시고, 예수님을 구주로 믿는 무리들이 한 마음으로 찬양하며 예배하도록 하시옵소서.

예배를 위하여 여러 모양으로 섬기는 일꾼들이 성령님의 감화로 섬기도록 은혜를 더하시옵소서. 봉사하는 손길에 복을 내려주시옵소서.

공동체중보 사랑하는 권속, 한 사람, 한 사람을 붙들어 주시옵소서. 병들고 허약해진 마음을 강하게 붙들어 주시고, 우울하고 약한 마음에 오셔서 기쁨을 주시도록 간구하게 하시옵소서. 생육하고 번성하여 땅에 충만하도록 하신 복을 요청하게 하시옵소서. 한 목소리로 야베스처럼 복에 복을 더 하사 지경을 넓혀달라는 간구하게 하시옵소서. 주님의 은혜로 말미암아 근심이 없기를 간구하게 하시옵소서.

세상을 향해 우리 교회는 세상을 향해서 영생을 보장하는 메시지를 갖고 있는 줄로 믿습니다. 저희들은 이 세상에서 하나님을 아버지라 부르며, 하나님께로 나아가는 권세가 있음을 믿습니다. 그러나 세상은 하나님께로 갈 수 없으니 그들을 위해 기도하게 하시옵소서. 저희들에게 주신 성령님의 능력으로 세상의 악한 전략을 무찌르게 하시옵소서. 교회가 주님의 모습이 되어 세상을 이기게 하시옵소서.

예수님의 이름으로 기도드립니다. 아멘.

8월 2주, 9일, 광복절예배, 금 - 말복, 토 - 광복절

우리 민족을 사랑하시는 하나님,

예배-찬양 우리 하나님께 영광을 드립니다. 오늘은 광복절을 기념하면서 예배하기를 원하오니, 성령님의 충만하심으로 무릎을 꿇은 권속들의 가슴을 벅차게 하시옵소서. 마음의 문을 열어 주님의 이름을 크게 부르도록 하시고, 머리를 숙여 참으로 겸손히 예배하게 하시옵소서. 우리 하나님이 다스리시니 기뻐하고 즐거워하게 하시옵소서.

회개-용서 거룩하게 지낸다고 하면서도 죄를 지었습니다. 연약한 인간의 모습 속에서 짐짓 죄를 지었습니다. 이 모든 죄를 고백하니, 주님의 피로 씻어주시고, 저희들이 새롭게 되는 날이 주 앞으로부터 이르게 하시옵소서. 저희들이 저지른 실수나 저질러서는 안 될 죄에 대하여 느꼈던 비탄과 후회와 참회의 순간을 잊지 않게 하시옵소서.

오늘의간구 하나님께서 대한민국, 우리 민족을 정결하게 해주시기를 원합니다. 죄악의 행실과 우상을 숭배하는 죄에서 정결하게 하사, 죄를 지었던 모든 자리에서 구원함을 얻게 하시옵소서. 죄를 지었던 몸을 성전으로 삼게 하시며, 우상을 숭배하던 자리에 교회를 세워주시옵소서. 이로써 하나님의 백성으로 사삼아주시고, 저희들에게는 하나님을 아버지로 부르게 하시옵소서.

성령님의임재 죄인들을 옳은 데로 돌아오도록 하는 생명의 복음을 전하는 교회가 되게 하시옵소서. 부활하신 주님의 신앙으로 무장되어서 각 사람에게 증인 된 사명을 기쁨으로 감당케 하시옵소서. 저희들 각 사람이 주신 삶의 자리에서 주님의 빛이 되고, 주님의 손길이 되게 하시옵소서. 복음을 전하기 위하여 사랑의 수고를 하게 하시옵소서. 저희들에게 성령님께 충만하게 하시옵소서.

교회의사명 참으로 무겁습니다. 그러나 저희들의 주님을 향한 사랑이 더욱 뜨겁게 하시옵소서. 여기에 모인 저희들, 서로를 사랑하며 입을 벌려 주님의 위대하심을 찬송하게 하시옵소서. 하나님께 영광을 드리는 교우들을 귀하게 받아들이게 하시옵소서. 오직, 의롭게 여겨주신 하나님의 능력으로 구원의 길을 열어 놓으셨음에 경배를 드립니다. 하나님을 영화롭게 해드림을 세상에 나타내어 주시옵소서.

예배위원 말씀에 기름 부으심이 있어, 교회가 세상에 선포되게 하시옵소서. 하나님의 말씀을 대언하시는 목사님을 큰 권세와 성령의 능력으로 붙들어 주시옵소서. 하늘의 역사가 펼쳐질 수 있는 강단이 되게 하시옵소서. 귀한 은혜의 시간이 되게 하여 주시옵소서.

성가대의 귀한 직분을 감당하는 성가대원들 위에 함께 하사 크신 은혜로 하나님의 성호를 찬양할 때, 더욱 공교히 찬양할 수 있게 하시옵소서. 저희의 찬양으로 하늘 문을 여시고 영광을 받아주시옵소서.

예배를 위해서 몸을 드리는 봉사자들을 귀하게 쓰임을 받는 종으로 삼아 주시옵소서. 그들의 수고를 받아주시고, 복을 내려 주시옵소서.

공동체중보 복음을 위하여 모든 성도가 헌신하게 하시옵소서. 하나님을 두려워할 줄 아는 백성들이 되게 하시옵소서. 예배를 드림으로써 새로운 힘을 얻어 한 주간 살아갈 때, 가정과 사회와 나라에서 그리스도의 향기가 되게 하시옵소서. 이 사회 구석구석에서 복음을 흘려보내고, 빛의 사명을 감당할 수 있기를 원합니다.

세상을 향해 오늘, 세상 속으로 들어가기를 원하는 저희들을 성령님께로 충만하게 하시옵소서. 교회에 속한 교우들이 주님의 손과 발이 되어서 세상 속으로 들어가게 하시옵소서. 성령과 지혜가 충만하여 칭찬 받는 사람에게 일을 맡겼던 사실을 기억합니다. 성령님께서 강권해 주심에 순종하여 지역사회를 섬기게 하시옵소서. 성령님께의 충만하심으로 빛과 소금이 된 역할을 감당하게 하시옵소서.

예수님의 이름으로 기도드립니다. 아멘.

8월 3주, 16일

즐거움을 주시는 하나님,

예배-찬양 우리 하나님의 영광이 이 교회에 있으니, 그 보좌는 하늘에 있습니다. 하나님의 친 백성으로 삼아주신 ○○의 지체, 예배하는 지금, 이제부터 영원까지 여호와를 송축하게 하시옵소서. 영광과 권능을 여호와께 돌리게 하시옵소서. 시온에 계신 여호와를 찬송하며 그의 행사를 백성 중에 선포하는 공동체로 삼아 주시옵소서.

회개-용서 하나님의 자녀로 선택을 받아, 세상에서 자신을 구별해야 하였지만 거룩하지 못하였음을 고백합니다. 성결하지 못하고 음란의 유혹에 자주 넘어졌음을 용서해 주시옵소서. 시시각각 하나님을 주목하여 순결하게 살겠습니다. 하나님의 뜻은 이것이니 너희의 거룩함이라는 사실을 잊지 않고 지내도록 성령님의 인도하심을 빕니다.

오늘의 간구 이 달에는 입추와 말복이 들어 있어 감사합니다. 흐르고 흘러도 멈추지 않는 땀을 이기며 지내오게 하신 하나님께 찬양을 드립니다. 숨이 막히는 지경에서도 지켜주시고, 저희들의 몸 어디에 해를 입지 않고 여름을 견디게 하셨습니다. 무더운 시간에 하나님께서 하신 일들은 얼마나 많으신지요? 곡식이 익어가는 논과 밭, 과일 나무들, 땡볕에서 자라게 하셨으니 찬양을 드리게 하시옵소서.

<small>성령님의 임재</small> 저희들의 심령을 성령님으로 채워주시옵소서. 그리하여 죄를 거절하고, 온갖 탐욕을 물리치며, 사탄을 대적하게 하시옵소서. 하나님을 바라고 섬길 수 있은 귀한 믿음을 허락하시고, 십자가 신앙으로 강하게 무장함으로써 마귀의 궤계를 능히 물리칠 수 있도록 하여 주시옵소서. 저희들에게 성령님께 충만하게 하셔서 이 시대를 정복하는 십자가의 군병으로 삼아 주시옵소서.

<small>교회의 사명</small> 주님의 몸 된 교회가 고통을 당하는 이웃을 위하여 더욱 기도하여 이 민족을 사랑하고, 국가를 위하여 기도하는 책무를 거룩하게 여기게 하시옵소서. 주님만이 길이요 진리요 생명 되심을 이 백성에게 증거 할 수 있도록 은총을 더하여 주시옵소서. 저희들은 말씀과 진리 안에서 날마다 성장하게 하시며, 사랑과 수고와 인내로써 소망을 이루어 감이 교회 안에 넘치게 하여 주시옵소서.

<small>예배위원</small> 목사님을 붙드셔서 ○○교회의 권속에게 하나님의 말씀을 전하게 하시옵소서. 그 말씀으로 심령을 새롭게 하여 거룩하심으로 옷을 입혀 주시기를 바라는 결단이 되게 하시옵소서.

우리 교회에 성가대를 세워주셔서 찬양으로 하나님을 영화롭게 해드리고 있음을 감사합니다. ○○성가대원들이 몸을

드려 준비한 찬양이 이 자리를 하나님의 영광으로 가득하게 하시옵소서.

예배하는 동안에 예배당의 안팎에서 몸을 다 드려서 섬기는 이들에게 기름을 부어 주시옵소서. 봉사자로 세워졌음에 감격하여 섬기게 하시옵소서. 사랑의 수고를 즐거워하며, 그들을 축복합니다.

공동체중보 오늘, 측은한 형제들을 위하여 간구합니다. 저희들과 함께 예배하고 싶어도 병들어서 이곳에 오지 못한 이들이 있습니다. 귀신 들려 눈 멀고 말 못하는 사람을 고쳐 주셨던 예수님께서 그들에게 찾아가 주시기를 빕니다. 우리 모두가 지체들의 고통에 동참하여 함께 눈물을 흘리니 불쌍히 여겨 주시옵소서. 이 시간에, 여호와라파라고 하신 하나님을 보여주시옵소서.

세상을 향해 성령님의 강한 역사로 말미암아 이 지역에 불의한 세력을 몰아내시고, 복음의 전파가 불타오르기를 빕니다. 바로, 우리 ○○ 교회에 죄인을 구원하시는 성령님의 역사가 임해서 죽어가는 이들이 하나님께로 돌아오게 하시옵소서. 영혼을 구하는 영적 싸움에서 승리하여 부흥의 열매를 거두게 하시옵소서.

예수님의 이름으로 기도드립니다. 아멘.

8월 4주, 23일, 주 - 처서

찬양이 되시는 하나님,

예배-찬양 자기 백성을 찾으시는 하나님께로 나와서 머리를 숙인 저희들, 하늘의 문을 열어주시옵소서. 성령님께서 임재하사, 오늘, 여기에 모인 거룩한 백성이 드리는 예배를 영화롭게 하심에 감사드립니다. 예배가 진행되는 동안에, 하나님께서 저희들에게 오시는 신비를 경험하게 하시옵소서. 성령님의 질서와 말씀을 세워 주시옵소서.

회개-용서 이 시간에, 죄를 아파하는 상한 심령을 드리게 하시옵소서. 주님의 사람으로 살지 못하고, 이웃이 힘들고 아파할 때 함께 울어주지 못했음을 고백합니다. 이웃을 돌아보지 못했던 이기적인 삶의 죄를 용서해 주시옵소서. 이웃을 내 몸처럼 사랑하고, 진심으로 위로하겠습니다. 환난 중에 있는 자들을 능히 위로하게 하시옵소서.

오늘의간구 이 민족을 사랑하셔서 죽음 가운데 건져주시고 멸망 가운데 지켜주심을 감사합니다. 지난 시간에는 외세에 나라를 빼앗겨서 식민지 백성으로 지냈고, 서로가 서로를 죽이는 동족상잔의 비극이 있었지만 하나님께서 지켜주셨습니다. 삼천리반도 금수강산, 하나님께서 주신 동산으로 지내오니 감사합니다. 이 땅의 백성, 마음이 하나가 되고, 나라가 하나가 되고, 민족이 하나가 되게 하옵소서.

성령님의 임재 아브라함과 이삭과 더불어 했던 약속을 기억하시고, 이스라엘 민족을 구원하신 하나님을 기억합니다. ○○의 직분자들, "나의 백성을 그 땅에서 이끌어 내어 젖과 꿀이 흐르는 좋은 땅에 이르게 하리라." 하셨던 그 은혜를 누리게 하시옵소서. 오직 하나님의 위로에 소망을 두고, 하나님과 교회에 유익하기를 원하게 하시옵소서. 성령님의 임재 앞에서 모두가 '아멘'이기를 원합니다.

교회의 사명 하나님께서 우리나라를 지켜 주셔서 보호해 주시니 감사합니다. 부정과 불의한 일들이 연일 뉴스 시간을 채우고 있음에도 무너지지 않음은 하나님의 보호하심이라고 깨닫습니다. 좋은 소식, 우리를 기분이 좋게 해주는 뉴스보다는 절망의 한숨을 내쉴 수밖에 없는 뉴스들로 저희들의 속이 타들어 가고 있습니다. 이 나라를 불쌍히 여겨 주시옵소서.

예배위원 오늘도 우리교회는 하나님의 말씀 앞에 서 있기를 원합니다. 목사님께서 말씀을 전하실 때, 두려운 마음으로 듣게 하시옵소서. 말씀에 회개의 영이 임하여 여호와 앞에서 우는 것을 경험하게 하시옵소서. 말씀으로 영이 새로워지고, 새 힘을 얻게 하시옵소서.

여호와 앞에서 존귀한 ○○성가대원들이 하나님의 영광을 찬양하게 하시옵소서. 찬양을 드리기 전에 먼저 몸을 드리게 하시옵소서. 준비한 찬양이 이 자리를 하나님의 영광으로 가득하게 하시옵소서.

저희들이 경건을 다해 예배하는 동안에 예배당의 안팎에서 몸을 다 드려서 섬기는 이들이 있음에 즐거워하며, 그들을 축복합니다.

<small>공동체중보</small> 오늘, 예배하는 ○○의 권속에게 다시 한 번 자신의 뜻을 버리고, 하나님께로 나아가겠다고 결단하게 하시옵소서. 겸손히 하나님의 뜻을 따르기를 소원하게 하시옵소서. 이로써 하나님의 뜻만이 선하다는 것을 고백하는 저희들이 되기를 빕니다. 하나님의 뜻을 이루어드리는 삶이 되게 하시옵소서.

<small>세상을 향해</small> 교회를 세상으로 파송하시는 하나님을 경험하게 하시옵소서. 저희들의 모습이 복음을 전함이 되기를 원합니다. 주님으로 말미암아 세상에 하나님의 사랑이 전해졌듯이, 저희들이 곧 복음이게 하시옵소서. 저희가 살아가는 자리가 바로 복음이 전해지는 현장이 되게 하시옵소서. 아울러 계속되어지는 여름의 신앙수련에 성령님의 충만하심을 빕니다. 온 교회적으로 헌신하게 하시옵소서.

예수님의 이름으로 기도드립니다. 아멘.

8월 5주. 30일

선하심이 영원하신 하나님,

예배-찬양 오늘은 하나님께서 영광을 받으시려고 구별하신 날인 줄로 믿습니다. ○○의 성도는 하나님께 영광을 드리려고 주님의 집으로 모였습니다. 성삼위 하나님께서 예배를 받으시고 영광을 취해 주시옵소서. 하나님의 인자하심과 성실하심으로 말미암아 거룩한 곳에서 여호와를 송축하게 하시옵소서. 예배를 받아주시옵소서.

회개-용서 저희들에게는 진실함도 없고 정직함도 없이, 잘 되기만 바래왔습니다. 죄악을 거절하지 못하고, 잠시 즐거운 낙에 마음을 빼앗겼던 죄를 고백합니다. 때로는 아무도 보지 않는다고 여기며 은밀한 죄를 즐겼던 행실을 용서해 주시옵소서. 임마누엘 신앙으로 살겠습니다. 주 앞에서 어디든지 피하지 못함을 기억하게 하시옵소서.

오늘의 간구 주님 안에서 저희들의 몸은 주님의 것임을 고백합니다. ○○교회 안에서 이루어지는 모든 것들이 하나님의 사랑으로 나타나도록 도와주시옵소서. 죄인을 구원하시는 성령님의 역사가 임해서 죽어가는 이들이 하나님께로 돌아오게 하시옵소서. 영혼을 구하는 영적 싸움에서 승리하여 부흥의 열매를 거두게 하시옵소서. 주님의 약속에 따라 복을 누리고, 의에 이르도록 이끌어 주시옵소서.

성령님의 임재 주 하나님을 기뻐하고 즐거워하는 ○○의 지체에게 여호와의 이름으로 나아오게 해주신 하나님께 영광을 드립니다. 성소에 모인 저희들에게 성령님께서 충만하사, 지존하신 주의 이름을 찬송하게 하시옵소서. 여호와를 두려워하는 백성들로 입을 벌려 찬송하게 하시옵소서. 하나님을 사모하며, 경외하는 저희들에게서 영광을 취하시옵소서. 성령님을 따르는 교회공동체로 삼아 주시옵소서.

교회의 사명 여호와의 구원하심이 민족적으로, 국가적으로 나타났음을 마음에 새기게 하시옵소서. 선조들로 하여금 조국, 대한민국을 위해서 엄청난 희생을 지불하게 하신 하나님의 섭리를 배우게 하옵소서. 대한민국의 복음화, 이 땅에 예수 생명의 역사가 일어나게 하시옵소서. 이를 위하여 저희들 자신을 산 제물로 받아주셔서 온 세상을 구원하기 위한 도구로 삼아 주시옵소서.

예배위원 오늘, 강단에 진리의 영으로 기름을 부어 주시옵소서. 주님의 귀한 말씀을 전하실 목사님에게 신령한 능력과 성령으로 충만케 하시옵소서. 그 말씀을 통하여 주의 영광이 드러나게 하시고, 주님께서 귀하게 쓰시는 종으로 삼아 주시옵소서.
세우신 성가대원들에게 구별된 은혜와 진리로 충만하게 하시옵소서. 그들이 먼저 하나님께 아름다워, 아름다운 찬양을 드리게 하시옵소서. 하늘 아버지를 영화롭게 해드리는 찬양을 받아 주시옵소서.

교회를 사랑하고 자원하는 이들에게도 맡겨진 직무를 충성스럽게 섬기게 하시옵소서. 예배의 직분을 위하여 무릎을 꿇게 하시옵소서.

공동체중보 이 자리에 함께 하지 못한 지체 때문에 눈물이 납니다. 질병으로 신음하는 지체들의 아픔을 나사렛 예수 이름으로 깨끗하게 치료하여 주시고, 영혼을 구원해 주시옵소서. 정신과 영혼, 육체가 새로운 활력을 찾게 해주시기를 빕니다. 회복된 건강한 몸과 마음으로 가족들과 화목하고 이웃에게 봉사하는 삶이 되게 하여 주시옵소서.

세상을 향해 ○○교회가 속해 있는 지역사회를 위해서 간구합니다. 성령강림의 역사가 교회를 통해서 이 지역에 나타나기를 사모합니다. 우리 교회가 지역사회에서 하나님의 보내심으로 사명을 감당하게 하시옵소서. 하나님께서 구원하시기로 작정하신 이들이 교회를 통해서 돌아오는 역사를 보게 하옵소서. 교회가 지역의 파수꾼이 되기를 소망합니다.

예수님의 이름으로 기도드립니다. 아멘.

9월 1주, 6일, 월 - 백로

2026년
9월

9월의 첫째 주일을 열어주신 하나님,

예배-찬양 원근각처에서 하나님의 은혜를 누리며 살던 이들이 예배하러 나왔습니다. 영생의 지혜를 주셔서 어리석은 자들처럼 다른 신을 찾지 않게 하셨음에 감사드립니다. 이 날은 주님께서 구별하신 날이오니, 예배하는 이 백성에게 기뻐하는 은혜를 주시옵소서. 우리 주 하나님의 이름을 높이고, 큰 영광을 드리게 하시옵소서.

회개-용서 하나님의 나라와 의를 구하면서 살아야 했는데, 욕심으로 말미암아 죄를 지으며 살았습니다. 지금, 죄를 애통해 하는 성도들을 불쌍히 여겨 주시옵소서. 사유의 은혜를 내려 주시옵소서. 진실하지 못했으며, 형식적으로 지낸 시간들도 많았습니다. 하나님의 나라보다는 자신의 유익을 구하기에 바빴던 행실을 용서해 주시옵소서.

오늘의간구 거룩한 시간에 천국의 자녀 됨을 풍성히 누리면서 하나님과의 인격적인 만남을 경험하는 복을 누리게 하시옵소서. 하나님의 나라를 위하여 일을 맡겨 주셨음을 믿습니다. 인생의 삶에서, 살아가야 할 길을 열어 주시옵소서. 주님의 뜻에 따라 봉사하고 영광을 드리기 원합니다. "소원을 두고 행하게 하시나니"라고 약속하셨으니, 이 약속이 저희들에도 이루어져서, 소원을 품게 하시옵소서.

성령님의임재 거룩한 시간에 천국의 자녀 됨을 풍성히 누리면서 하나님과의 인격적인 만남을 경험하는 복을 누리게 하시옵소서. 교우들에게 생명을 살리는 영으로 충만하게 하시옵소서. 하나님의 나라를 위하여 일을 맡겨 주셨음을 믿습니다. 저희들의 인생의 삶에서, 살아가야 할 길을 열어 주시옵소서. '소원을 두고 행하게 하시나니' 라고 약속하셨으니, 이 약속이 저희들에도 이루어져서, 인생의 소원을 품기를 원합니다.

교회의사명 이 거룩한 아침에, 하늘이 하나님의 영광을 선포하고, 땅과 모든 것들은 하나님의 손으로 하신 일을 나타내고 있습니다. 하나님의 집에 모였으니 무릎을 꿇게 하시옵소서. 본래 죄의 종이었던 저희들에게 예배할 수 있는 은혜를 받고, 감사합니다. 하나님의 영광이 예배하러 모인 온 성도들에게 임하기를 원합니다. 감사와 찬양이 넘치는 예배의 주일이 되도록 주님께서 친히 주장하시옵소서.

예배위원 하나님의 말씀을 사모하게 하시옵소서. 저희들의 심령이 목이 마른 사슴과 같이 되기를 원합니다. 목사님께서 말씀을 대언해 주실 때, 모두 들을 귀를 갖고, 생수를 마심이 되게 하시옵소서.
여호와의 영광이 선포되도록 성가대를 세워주셨습니다. ○

○의 공동체에서 노래하는 자로 구별된 이들이 하나님을 예배하는 저희들을 대신하여 찬양하는 역할을 귀하게 감당하게 하시옵소서.
한 시간의 예배에 여러 손길들을 준비해 주셨습니다. 예배를 위해서 강단의 꽃꽂이, 안내-봉사위원, 주방에서의 봉사 등으로 수고하는 지체들을 기억해 주시옵소서.

공동체중보 저희들 모두에게 공동체를 이루게 하시고, 병으로 고생을 하는 지체들에 대하여 안타까운 마음을 갖게 하시니 감사드립니다. 여호와께서 우리의 간구를 들으시고, 모든 더러운 질병으로부터 고쳐 주시옵소서. 원하건대 환우들을 치료하시며 주님의 긍휼로 살려 주시옵소서. 믿음의 기도에, 치유의 역사가 일어나게 하시옵소서.

세상을 향해 주님의 삶을 본받고 따르는 ○○교회가 되어 세상을 정화시키는 소금의 역할을 감당하게 하시옵소서. 믿음과 소망과 사랑으로 가득차서 하나님을 경외하고 이웃을 사랑하게 하시옵소서. 성도의 삶으로 인도하시고, 세상을 이길 수 있는 힘을 내려 주시옵소서. 저희들 각 사람이 교회가 되어서 세상에 빛이 되고, 소금이 되게 하시옵소서. 사명으로 지역사회를 지켜내게 하시옵소서.

예수님의 이름으로 기도드립니다. 아멘.

9월 2주, 13일

존귀와 권위가 영원하신 하나님,

예배-찬양 예배의 주가 되시는 여호와를 찬송합니다. 주 하나님의 사랑을 입고 지내던 지체들이 나왔습니다. 하나님은 저희들에게 좋으신 아버지셨습니다. 크고 놀라우신 은혜를 마음에 새롭게 하게 하시옵소서. 주님의 손길이 함께 하셨던 일들을 기억하며, 감사로 예배하게 하시옵소서. 인자하신 하나님의 이름을 높여드리게 하시옵소서.

회개-용서 하나님께 드리는 예배에 주목하지 못했던 지난 시간들을 고백합니다. 영과 진리로 하나님을 예배하지 못하고, 형식적으로 임한 죄를 용서해 주시옵소서. 하나님을 사랑하는 마음이 없이 행했던 죄를 용서해 주시옵소서. 이제는 목숨을 걸고 하나님을 예배하겠습니다. 영이신 하나님을 영과 진리로 예배하기를 다짐하게 하시옵소서.

오늘의간구 지금, 거짓과 속임수가 난무한 이 땅을 불쌍히 여겨 주시옵소서. 사람들이 헛된 영광을 구하지 않으며, 근면 성실한 습관을 갖고 지내게 하시옵소서. 모든 성인들에게 나라와 사회를 위해서 헌신하려는 마음을 주시고, 국가적 신뢰의 기반을 형성하게 하시옵소서. 저희들에게 민족을 사랑하면서 깨어 있는 믿음으로 살아가게 하시옵소서. 하나님의 뜻 안에서 평화를 이루며 지내게 하시옵소서.

성령님의 임재 전도를 원하시는 하나님이시라고 믿습니다. 하나님께서 ○○교회에 전도할 문을 열어 주시옵소서. 생명을 구하는 영으로 충만하기를 원합니다. 만나는 이들에게 주님의 비밀을 말하게 하시옵소서. 저희들에게 그리스도의 이름이 증거 되어 가는 곳마다 생명을 살리는 일들이 있게 하셨음을 기뻐합니다. 이제부터는 이 일이 저희 교회가 헌신할 사역으로 깨닫고 복음을 전하게 하시옵소서.

교회의 사명 성령님께서 ○○교회에 역사해 주심을 기대합니다. 저희들에게 교회성장의 환상을 갖게 하시고, 기도를 시키신 성령님께서 저희들을 한 몸으로 자라게 하시옵소서. 주님 밖에서 각 사람이었던 저희들, 주 안에서 공동체를 이루게 하시옵소서. 그리하여 지혜가 필요하면 지혜를, 열심을 내어야 한다면 성실하게 서로를 향해서 봉사하게 하시옵소서.

예배위원 하나님의 말씀을 듣겠습니다. ○○의 강단에서 생명의 말씀이 선포되게 기름을 부어주시옵소서. 말씀을 대언해주시는 목사님을 성령님의 권세와 능력으로 붙들어 주시옵소서.

성가대원들의 찬양을 흠향하시고, 저희들은 그 은혜로 들어가게 하시옵소서. 아울러 교회 안에서 여러 모습으로 봉사하는 이들에게도 은혜를 더하시옵소서. 성가대원들이 한마음 한 뜻으로 아름다운 찬양을 하나님께 드릴 수 있도록 인도해 주시옵소서.

여호와께 귀한 지체들이 예배를 돕는 일꾼으로 선택되어 이른 아침부터 봉사하고 있습니다. 아름다운 수고로 예배에 영광이 더해지게 하시며 그들은 감사와 감격으로 자리를 지키게 하시옵소서.

공동체중보 예배를 드림으로써 ○○의 지체들에게 스스로 섬김의 본이 되어 주신 예수님을 닮게 하시옵소서. 저희들의 가슴에 예수님이 충만하여 벅차게 하시옵소서. 우리 교회를 하나님을 섬기고, 사람을 섬기는 아름다운 공동체로 인도해 주시옵소서. 섬김을 통해서 이웃을 사랑하게 하시옵소서. 섬김으로 살아가게 하시옵소서.

세상을 향해 이 민족의 가슴을 사랑으로 채우는 교회로 삼아주시옵소서. 교회가 세상을 섬기며, 서로 서도록 위로하며 권면하도록 도와주시옵소서. 저희들, 각 사람이 이웃에게로 들어가서 겸손의 띠로 허리를 동이고 복음의 신발을 신어 화해와 평화의 사도가 되게 하시옵소서. 주님으로 인하여 살도록 회개의 영을 부어 주시옵소서.

예수님의 이름으로 기도드립니다. 아멘.

9월 3주, 20일, 수 - 추분, 금 - 추석

계절을 다스리시는 하나님,

예배-찬양 거룩한 자리에서 예배할 때, 은혜에 감사로 엎드리게 하시옵소서. 저희들에게 주신 날들 중에, 이 날을 복이 있다 하시고, 지키도록 하셨으니 여기에 모인 이들에게 복을 내려 주시옵소서. 여호와 하나님 앞에서 안식하는 날이 주님의 날이 되게 하시니 감사합니다. 마음을 다하는 경배로 주님의 영광이 하늘에 닿게 하시옵소서.

회개-용서 주님의 보혈로 말미암아 죄를 씻음을 받았음에도 그 보혈의 은혜를 잊고 살았음을 회개합니다. 하나님께 인생의 소망이 있음을 말하면서도, 삶의 자리에서는 눈에 보여 지는 것들에 마음을 두고 지냈습니다. 지금 마음을 돌이켜 주님께 자복하오니 사유해 주시옵소서. 보혈의 은혜에만 주목하며 지내도록 강권해 주시옵소서.

오늘의간구 우리 민족에게 큰 명절인 추석을 맞이합니다. 가을의 달빛이 가장 아름다웠던 밤에 왕이 잔치를 베풀어 백성을 위로하며 기쁨을 나누었음이 이어져 오고 있음에 감사합니다. 사랑하는 가족이 한상에 둘러앉아 음식을 즐기고, 친지들과 더불어 지내는 명절을 즐기는 풍성함에서 복음을 나누는 기회로 삼게 하시옵소서. 불신 가정에서는 세시풍속으로 말미암은 갈등을 겪지 않게 하시옵소서.

성령님의임재 오늘, ○○의 성도에게 재림하실 그리스도를 기다리게 하시옵소서. 이 백성에게 평안의 복을 내려주시옵소서. 수고하고 무거운 짐을 지고 나온 성도들에게 쉼을 주시옵소서. 하나님과의 화평을 주시옵소서. 심령을 치유하시고, 삶을 강건케 하여 주시옵소서. 고통 중에 있는 성도들에게 용기를 주시옵소서. 연단 중에 있는 성도들에게 인내하도록 은혜를 더하여 주시옵소서.

교회의사명 ○○의 성도들 스스로가 세워지고, 믿음이 연약한 지체들에게는 붙들어 주는 은혜를 경험하게 하시옵소서. 이로써 많은 사람들을 올바른 길로 돌아올 수 있게 하는 놀라운 역사가 끊임없이 일어나게 하시옵소서. 저희들에게 영혼을 구원하는 열정을 주시옵소서. 지옥불로 던져지는 이들을 보게 하셔서 끌어내게 하시옵소서.

예배위원 생명을 살리는 푸른 초장의 강단이 되게 하시옵소서. 우둔한 귀를 열어서 듣게 하사, 주님을 위해 살겠다는 다짐을 하도록 인도해 주시옵소서. 예배를 마치고, 다시 세상으로 나가서 살 때, 보냄을 받은 일꾼처럼 말씀에 순종하기를 다짐하게 하시옵소서.
성가대를 세워 주시어서 하나님께 찬양으로 영광을 드릴 수 있도록 인도하여 주심에 감사를 드립니다. 성가대의 대장을 비롯한 여러 종들에게 은혜를 허락하시어 몸과 마음을 깨끗케 정결케 하사 온전한 찬양을 하늘에 올려 드리게 하시옵소서.

예배를 위해서 자원하는 심정으로 봉사하는 이들이 있습니다. 맡은 자리에서 예배의 진행을 돕는 그들에게 은혜를 더하여 주시옵소서.

공동체중보 예배하면서 저희들에게 구원의 주, 예수님께 충성을 바치려는 결단을 하게 하시옵소서. 주님께서 다시 오시는 그 날까지 예수님의 이름만 의지하는 저희들이 되게 하시옵소서. 하나님 한 분 만을 희망과 위로로 삼아 말씀대로 살아가는 믿음을 허락하시고, 주님의 영광을 드러내는 살아있는 믿음을 갖게 하시옵소서.

세상을 향해 하나님께서 세상을 사랑하시듯이 ○○교회는 이웃을 사랑하기를 원합니다. 오늘도 주님의 보내심으로 세상 속으로 들어가 섬기게 하시옵소서. 교회가 속해 있는 지역사회를 사랑하게 하시옵소서. 여호와의 은혜가 우리 동네에 임하여 교회를 세우게 하셨으니, ○○동이 복된 땅이 되게 하시옵소서. 구원하시기로 작정하신 이들이 천국의 문에 이르도록 생명의 역사를 일으켜 주시옵소서.

예수님의 이름으로 기도드립니다. 아멘.

9월 4주, 27일

생사화복을 주관하시는 하나님,

예배-찬양 오늘, 예배 사역자들의 헌신으로 더욱 영화롭고, 은혜가 충만한 경배를 바치게 하시옵소서. 주님께서 이 자리에 임하셔서 만나 주시옵소서. 온 성도들은 이 예배로 주님을 맞아드리려 합니다. 하나님께 존귀와 영광을 올려드리는 예배로 이끌어 주시옵소서. 거룩하신 삼위 하나님께 바치는 제사로 올려 드리게 하시옵소서.

회개-용서 ○○의 권속이 여호와께 죄를 고백하려 하니 회개의 은혜를 내려 주시옵소서. 죄악을 찾아내어 낱낱이 자복하게 하시옵소서. 하나님 앞에서 살지 못하고, 자신의 생각에 갇혀서 지냈음을 회개합니다. 사유하시는 은혜로 깨끗케 하시옵소서. 탐욕에 빠져서 생각이나 말, 행동으로 여호와에게서 떠났던 죄를 용서해 주시옵소서.

오늘의간구 21세기를 살아가야 하는 저희들, 아직도 지난 세기의 이데올로기에 붙잡혀서 신음 중에 있습니다. 이 민족을 불쌍히 여겨 변화하는 세계에서 우리 민족에게도 그 변화에 맞추어 선진 한국을 이루어가게 하시옵소서. 자기 주장에 붙잡혀진 저희들의 생각을 고쳐 주시옵소서. 지구촌의 한 나라를 세워 가는데 헌신하게 하시옵소서. 주변의 강대국들과 겨루어도 모자람이 없는 나라로 가꾸어가게 하시옵소서. 하나님의 영으로 우리나라를 다스려 주시옵소서.

성령님의 임재 하나님께서 이제까지 ○○교회를 지켜 주심에 감사 드립니다. 주님의 고난을 저희들의 몸에 담아서 하나님의 뜻을 이루어 드리고, 교회는 구원의 방주 역할을 다하게 하시옵소서. 자신의 몸을 내어주셨던 주님과 같이 주님의 남은 고난을 몸에 채우면서 하나님의 뜻을 이루어 드리기 위해 세상을 섬기는 종들이 되기를 소망하게 하시옵소서. 진리의 영으로 충만하게 하시옵소서.

교회의 사명 우리나라를 축복하면서 간구합니다. 대한민국의 이름이 세계에서 뛰어나도록 해주시옵소서. 이 나라를 하나님께서 주셨다고 믿고 있습니다. 저희들이 천국 백성이지만 이 땅에서 살아가는 동안에는 대한민국의 국민으로서 지내기를 원합니다. 나라를 사랑하고, 나라를 위하여 기도하며, 나라에 봉사하게 하시옵소서. 나라를 사랑하는 것을 사명으로 살았던 신앙선배들에게 본을 받게 하시옵소서.

예배위원 강단이 하나님의 말씀으로 풍성하게 하시옵소서. 하나님의 말씀을 전해주실 목사님께 영력을 더하시옵소서. 사랑하는 회중은 선포되는 말씀을 받아, 이 시간에, 성경을 토대로 진리의 빛을 비추어, 나아갈 길의 삶을 먼저 보이는 저희들이 되게 하시옵소서.

성가대원들이 정성을 드려 온몸과 마음으로 찬양을 드릴 때에 영광을 받아 주시옵소서. 그 찬양에 함께 하는 저희들에게는 한량없는 은혜가 될 수 있도록 인도해 주시옵소서. 예배를 위하여 봉사하는 이들에게도 감격함으로 섬기게 하시옵소서. 무더운 날에 수고를 다할 때, 겸손한 마음을 드리게 하시옵소서.

공동체중보 주님의 사랑으로 아버지를 의지하려는 마음을 주셔서 감사드립니다. 영원에 이르도록 해주는 말씀을 붙잡고, 평생을 살아가겠노라는 거룩한 다짐이 있게 하시옵소서. ○○교회의 권속들에게 하나님과의 동행에 대한 소원을 품게 하시옵소서. "에녹이 하나님과 동행했던 삶이 저희들의 것이 되도록 허락해주시기를 빕니다.

세상을 향해 저희들의 손과 발을 민첩하게 하사, 주님의 일을 위하여 쓰게 하시옵소서. 고난을 당하고 있는 자들과 외로운 자들에게 위로의 손길을 펼 수 있게 하시며, 타락한 자들을 붙들어 주며, 불쌍한 자들에게 주님의 사랑을 나타내며, 방탕한 자들을 일깨워 주고, 주린 자들을 돌아보며, 마음이 상한 자들을 위로하게 하시옵소서.

예수님의 이름으로 기도드립니다. 아멘.